KB234467

손에 잡히는 창업 8

유기농식품점
정육점
편의점

손에 잡히는 창업 8_ 유기농식품점, 정육점, 편의점

1판 1쇄 발행 2013년 2월 8일

지은이　　이형석

펴낸이　　이임광
펴낸곳　　공감의기쁨
편집　　　오윤진
디자인　　박마리아
마케팅　　김석현
경영지원　임정훈

전화　　　02)333~8276
팩스　　　02)323~8273
등록　　　2011년 7월 20일 제 313-2011-204호
주소　　　서울시 마포구 성산동 261-38번지 베아트리스 101호
E-mail　　goodbook2011@naver.com

ISBN　　978-89-97758-43-2 (13320)

손에 잡히는 창업 8

이형석 지음

유기농식품점
정육점
편의점

공감의 기쁨

25년의 선물

1988년 창업컨설팅을 시작하면서 중소기업중앙회 뉴스 레터를 통해 설문조사를 했다.

「창업할 때 누구와 의논했는가?」
「정보는 주로 어디서 얻는가?」

대부분의 응답자가 "친구"라고 답했던 기억이 생생하다. 그때만 해도 창업 상담이나 정보 수집은 주로 친구로부터 '주워듣던' 시절이어서 창업자는 물론이고 큰 기업들도 돈을 주고 정보를 산다는 것에 익숙지 않았다. 그 시절 나는 창업자들에게 '실패를 피해 갈' 정보를 주기 위해 동분서주했다. 〈사업정보〉라는 간행물을 만들기 위해 매일같이 현장 인터뷰를 하고, 해외 정보는 미국과 영국대사관, 러시아 상공회의소 등에서 구했다. 당시 잊지 못할 에피소드가 하나 있다. 어느 날 국가안전기획부_{지금의 국가정보원}에서 날 찾아왔다. 회사명에 '정보'가 들어있는데다 수시로 외국기관을 드나드는 걸 수상히 여겨 1년 넘게 지켜봤는데, 알고 보니 좋은 일을 하더라면서 처음으로 신분을 드러낸 것이다. 그만큼 정보를 수집하는 것이 어려운 시절이었다.

데이터베이스, 신비한 보물상자

1992년 PC통신이라는 새로운 미디어가 등장했다. 물론 1987년에 처음 시작되었지만 상용화된 건 그 때쯤이다. 발품을 팔아야 자료를 수집할 수 있던 때 온라인으로 정보를 얻는다는 것에 전율을 느꼈다. 여러 정보제공자[IP]로부터 손쉽게 정보를 얻을 수 있다는 것도 놀라웠지만 그동안 모은 자료를 데이터베이스화할 절호의 기회였기 때문이다. 나는 곧바로 '유망사업정보', '소호창업정보' 등 다양한 데이터베이스를 만들어 PC통신 전문정보 IP로 참여했다. 나의 정보는 분당 500원의 비싼 이용료에도 가장 인기 있는 데이터베이스로 자리 잡았다. 덕분에 정보통신부장관으로부터 '최우수 전문 DB상'을 받기도 했다.

1998년 IMF 구제금융의 여파로 직장인들이 대거 자영업에 뛰어들었다. 1995년 전후만 해도 고학력 화이트칼라들이 점포형 자영업에 도전하는 사례는 그리 많지 않았다. 모르긴 해도 체면 때문에 '장사'하는 모습을 보이기 싫어서 그랬을 것이다. 언론에서도 소시민들의 자영업 뉴스를 보도하는 것에 인색했지만 외환위기는 그런 인식을 일거에 불식시키는 계기가 되었다. 언론은 빵빵한 창업 데이터베이스를 갖고 있는 나에게 기고를 의뢰했고, 방송도 연일 자영업 취재에 열을 올렸다. 덕분에 나는 거의 모든 지상파와 메이저 언론에 이름을 올렸고, 이름을 걸고하는 방송프로그램도 진행했다. 모든 것이 바로 창업 데이터베이스 덕분이었다.

성공솔루션의 대표브랜드, 상권분석

2002년 온 나라가 월드컵으로 들썩거릴 때, 한쪽에서는 소리 없이 눈물을 흘리는 사람들이 있었다. IMF 외환위기 때 명예퇴직해 준비 없이 창업한 사람들이 그즈음 상당수 실패했기 때문이다. 이제는 아내들이 나서야 했다. 풀죽은 남편의 손을 잡고 상담실을 찾는 여성이 크게 늘어난 것도 이때였다. 그래서 생각한 것이 상권분석 솔루션이었다. 쉽고 정확하게 창업정보를 제공해주는 온라인 상권분석이야말로 이들에게 꼭 필요한 도구라고 판단했다. 우여곡절 끝에 나는 국내 최초로 상권정보시스템을 개

발했고, 지금은 소상공인진흥원에서 정보를 제공하고 있다.

2008년 미국발 금융위기의 먹구름이 우리 경제를 덮쳤다. 몸서리쳤던 IMF 악몽을 또다시 경험해야 했고 예전처럼 쉽게 자영업에 뛰어들 형편도 못 되었다. 시장이 얼어있는데다 경험 없는 사람들은 두려움 때문에, 실패했던 사람들은 돈이 없어 선뜻 창업에 나서지 못했다. 만일 이들이 뚜렷한 목표를 정하고 데이터베이스를 구축해왔다면, 아니 제대로 된 창업데이터베이스라도 있었다면 두려움 때문에 창업을 포기하는 일은 없었을지 모른다. 폐업자 수가 창업자 수보다 많아진 것도 이즈음부터다.

패자부활이 가능한 나라

2013년 더 이상 주저앉아 있을 수는 없다. 저성장시대라는 큰 벽이 가로막고 있지만 다시 창업에 나설 수밖에 없는 사람들이 늘고 있다. 이런 시점에 정보와 데이터베이스, 그리고 노하우를 묶어 과학적으로 분석한 창업솔루션을 제공할 수 있게 되어 무한히 기쁘다. 이 책이 '패자부활이 가능한 나라', '성공할 자유가 있는 나라'에 일조하는 계기가 되기를 바라는 마음 간절하다.

장수하는 업종을 찾아라

세계에서 가장 오래된 기업은 578년에 설립된 일본의 '곤고구미金剛組'다. 사찰이나 문화재 복원과 수리를 전문으로 하는, 종업원 130명을 둔 중소기업이다. 일본에는 이런 장수기업이 많은데, 500년 이상 된 기업도 39개나 있고 100년 이상 된 기업은 2만 2,000개가 넘는다.

어디 기업뿐이겠는가? 양갱 하나로만 500년을 넘게 자리를 지켜온 '토라야 양갱とらや'은 물론, 300년이 넘은 라멘 전문점 등 3대째 가업을 잇는 자영업종도 즐비하다.

이에 비해 우리나라는 100년 이상 된 기업이 단 세 개뿐이다. 1986년 박승직상점에서 시작된 두산그룹과 1897년 창업한 '까스활명

수'의 동화약품, 그리고 1905년에 창업해 간장으로 유명한 몽고 식품 등이 전부다.

자영업에서는 오래된 음식점을 찾기 위해 '장수음식점'을 키워드로 검색하면 전북 장수군에 있는 음식점만 나올 뿐이다. 그나마 업력이 긴 브랜드로는 부산의 백구당이 54년, 명동에 있는 설렁탕 전문점인 미성옥50년과 명동교자47년, 명동할머니국수45년 미성양복점50년 등 극소수의 자영업체들과 1979년에 런칭한 프랜차이즈기업 롯데리아가 평균수명을 높여주고 있다.

우리나라 자영업 평균수명은 얼마나 될까? 의료업종을 제외한 자영업 평균 업력은 3.7년으로 나왔다. 업태별로 보면 소대업이 4.9

흰 갈매기 가장 으래 날다

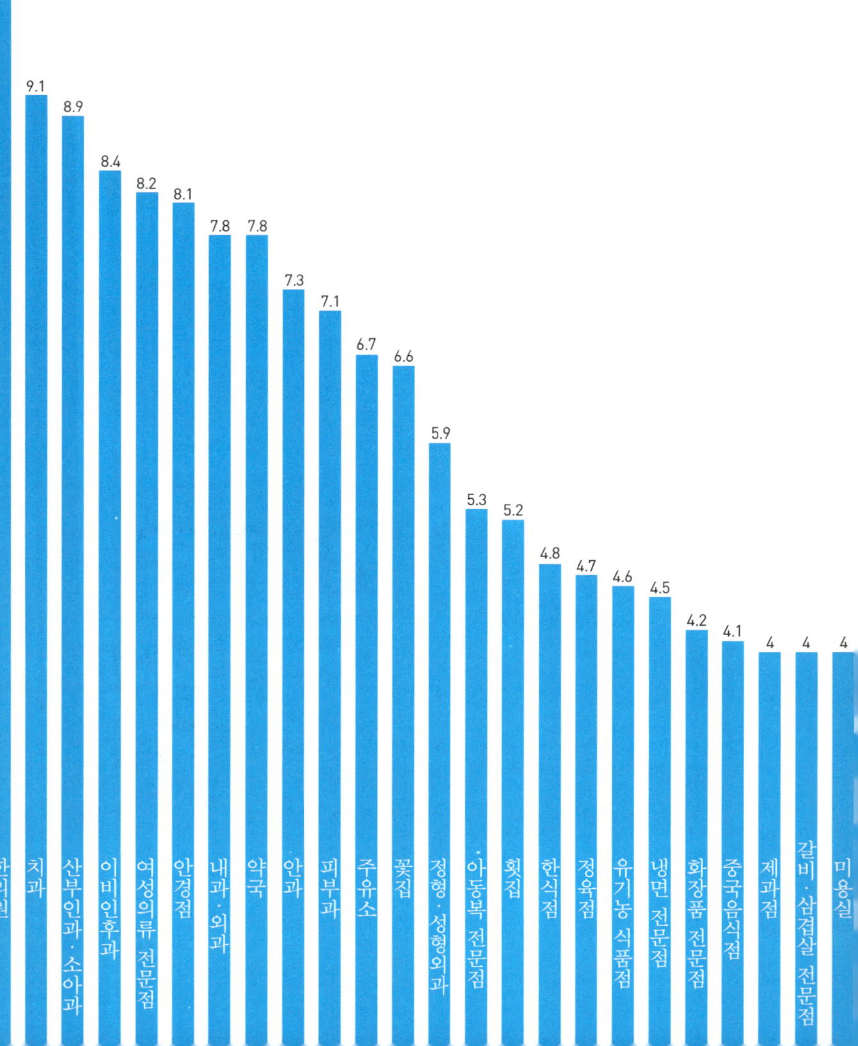
41개 업종 평균수명
12.7
9.1
8.9
8.4
8.2
8.1
7.8
7.8
7.3
7.1
6.7
6.6
5.9
5.3
5.2
4.8
4.7
4.6
4.5
4.2
4.1
4
4
4
한의원
치과
산부인과·소아과
이비인후과
여성의류 전문점
안경점
내과·외과
약국
안과
피부과
주유소
꽃집
정형·성형외과
아동복 전문점
횟집
한식점
정육점
유기농 식품점
냉면 전문점
화장품 전문점
중국음식점
제과점
갈비·삼겹살 전문점
미용실

한의원과
커피 전문점은
띠동갑

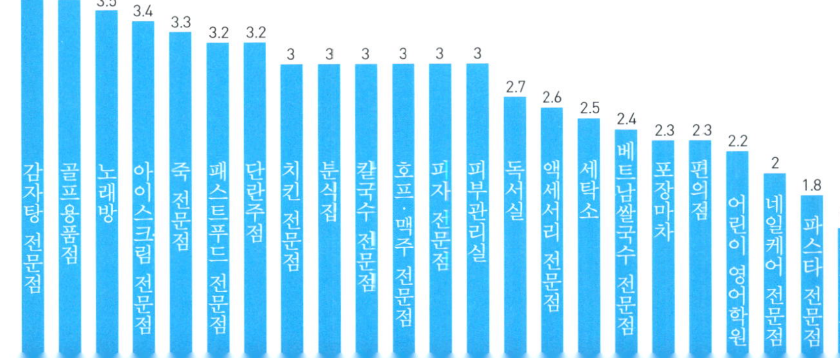

년으로 가장 길었고, 음식업으로 3.3년, 서비스업은 2.8년에 불과
했다.

소매업에서는 여성의류 전문점이 8.2년으로 가장 길고, 주유소가
6.7년, 꽃집이 6.6년이다. 반면에 가장 짧은 업력을 보인 업종으
로는 편의점이 2.3년, 액세서리 전문점이 2.6년으로 가장 빨리 문
을 닫은 것으로 나타났다.

음식업에서는 횟집이 5.2년으로 가장 오래한 업종이었고, 한식4.8
년, 냉면전문점4.2년 등이 뒤를 이었으며, 수명이 가장 짧은 업종은
1.5년을 기록한 커피 전문점으로 나타났다. 커피 전문점의 업력이
가장 짧은 데는 2010년 이후 점포수가 급속하게 증가한 것도 한
요인일 것이다.

서비스업에서는 미용실의 평균업력이 4년으로 가장 길었으며, 노
래방3.5년, 피부관리실3년 등도 실적을 감안하면 비교적 긴 편에
속했다. 반면에 네일케어는 2년으로 상당히 짧았고 어린이영어
학원과 세탁소도 2.5년을 넘지 못했다. 다만 네일케어는 도입된
지 얼마 되지 않아 업력만으로 평가하기는 이른 감은 있다.
자영업 창업에서 업력이 중요한 이유는 얼마나 지속가능한 업종
이냐를 판단하는 기준이 되기 때문이다. 특히, 프랜차이즈 가맹

점으로 창업할 때는 업력이 매우 중요하다. 전체 가맹점이 평균 몇 년 동안 영업을 지속했느냐에 따라 안정성을 판단할 수 있기 때문이다.

그 외에도 두 가지 중요한 데이터를 확인해야 한다. 대상 브랜드의 총가맹점 평균매출과 폐점율이다. 평균매출은 얼마나 수익을 내느냐를 판단하는 중요한 잣대가 되기 때문이고, 폐점율은 보완 자료로 필요하다. 이미 폐점한 가맹점은 업력에 포함되지 않기 때문이다. 이 세 가지 데이터를 분석해 가맹하면 실패율을 줄일 수 있다.

진짜 역세권은 따로 있다

역세권 가운데 자영업 매출이 가장 많은 곳은 안양역안양1동이다. 나이스신용평가정보가 운영하는 '나이스비즈맵'www.nicebizmap. co.kr 상권분석팀팀장 김민수과 함께 159개 자영업종의 역세권별 총 매출을 분석한 결과다.

안양역은 1961년 중앙시장이 들어서면서 형성되기 시작해 역사를 확장한 2002년, 대형유통업체인 롯데백화점이 오픈하면서 대형 상권으로 발돋움했다. 인근 평촌과 범계역 등이 활성화되면서 다소 주춤하기는 했지만 오후 5시가 되면 안양1번가를 중심으로 청춘들이 북적이는 곳이다.

주변에 만안초교, 안양여중, 안양여고, 안양대 등 초·중·고등학교와 대학 등 20여개 학교가 밀집해 있고, 대우아파트, 삼성래미안 등 대규모 아파트 단지가 형성되어 있어 유동인구와 거주인구가 적절히 배합된 최적의 상권이라 할 수 있다.

2위는 자영업 월간 총매출이 220억원인 서울 종각역으로, 분당 서현역과 함께 선두권을 형성하고 있다. 하루 유동인구 9만4,000명인 종각역은 명동과 함께 7080세대에게는 낭만의 거리이기도 하지만 요즘은 20대보다 30, 40대 비율이 높은 상권으로 바뀌었다. 한때 특색이 없다는 이유로 헐렁해지기도 했지만 청계천 복원과 인사동을 찾는 외국인 관광객 덕분에 명맥을 유지하고 있다.

서현역은 분당에서도 최그의 상권이다. 애경백화점에서 로데오거리로 이어지는 노른자위 상권은 권리금만 평균 2억원30평기준이나 될 정도로 비싸 웬만한 음식점으로는 버티기가 버거운 수준이다. 자영업종 중에서는 커피, 패스트푸드, 제과 등이 많지만 화장품, 네일케어, 피부관리와 같은 패션·미용서비스 업종의 밀집도가 상대적으로 높은 지역이다.

통상 최고의 역세권으로 신촌, 강남, 홍대역 등을 꼽지만 이들 지역은 5위, 7위, 16위에 그쳤다. 지하철 승하차 인원을 기준으로서 올메트로 제공 일평균 유동인구를 보면 강남21만명, 홍대13만명, 신촌역11만 5,000명으로 적지 않은데도 총매출이 적은 것은 배후에 거주인구가 받쳐주지 않으면 유동인구만으로 만족할 만한 매출을 내기는 어려움을 말해준다.

서울의 또다른 매출 상위 역세권으로 천호, 압구정, 노원역 등 20위권 안에 12개 역이 있다. 반면에 경기에는 안양, 서현역을 비롯해 산본, 송내, 부평역 등이 상위그룹에 올라있고, 지방에서는 부산 서면역이 1위로 월평균 상권 총매출이 150억원에 이른다.

경부선(경부고속선)
안일초등학교
안양 1번가
자영업 1번지
108
107
112
113
106
114
안양역
105
롯데백화점
104
103
안양동삼
래미안아파
신한은행
102
리빙장
101
안양역
로터리
안양만안경찰서
안양지구대
안양역시외
버스터미널
삼성골드
프라자
자
탑모텔
새마을식당
안양1번가점
엔제리너스
할리스
브람스안경원
농협은행
수리야
안양역점
한빛치과내과
안 양 일 번 가
동안당한의원
약국
국민은행
스타벅스
J-Luz

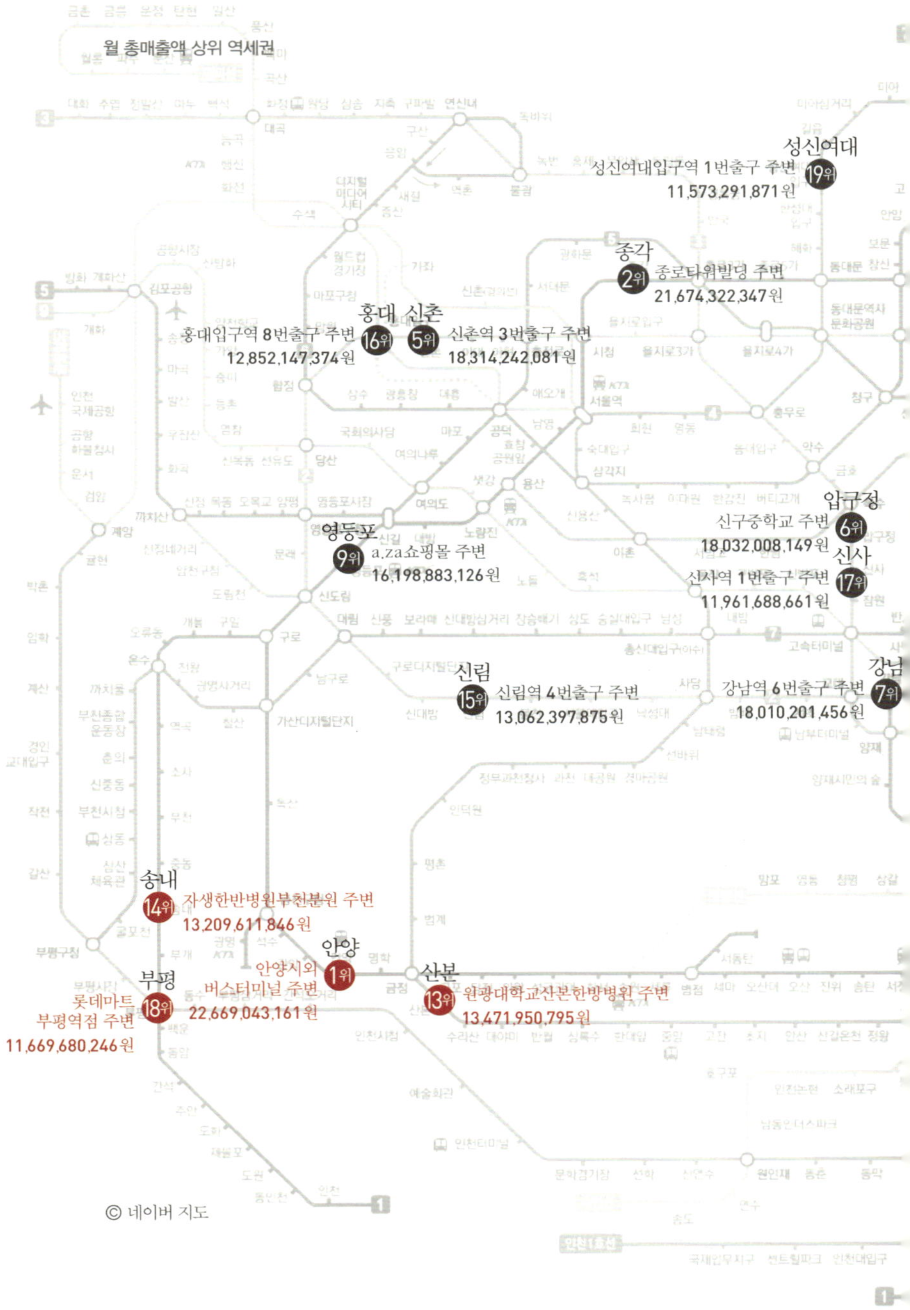

월 총매출액 상위 역세권

성신여대 **19위**
성신여대입구역 1번출구 주변
11,573,291,871원

종각 **2위**
종로타워빌딩 주변
21,674,322,347원

홍대 **16위**
홍대입구역 8번출구 주변
12,852,147,374원

신촌 **5위**
신촌역 3번출구 주변
18,314,242,081원

압구정 **6위**
신구중학교 주변
18,032,008,149원

신사 **17위**
신사역 1번출구 주변
11,961,688,661원

영등포 **9위**
a.za쇼핑몰 주변
16,198,883,126원

신림 **15위**
신림역 4번출구 주변
13,062,397,875원

강남 **7위**
강남역 6번출구 주변
18,010,201,456원

송내 **14위**
자생한방병원부천분원 주변
13,209,611,846원

안양 **1위**
안양시외버스터미널 주변
22,669,043,161원

산본 **13위**
원광대학교산본한방병원 주변
13,471,950,795원

부평 **18위**
롯데마트 부평역점 주변
11,669,680,246원

© 네이버 지도

득세하는 변방 역세권

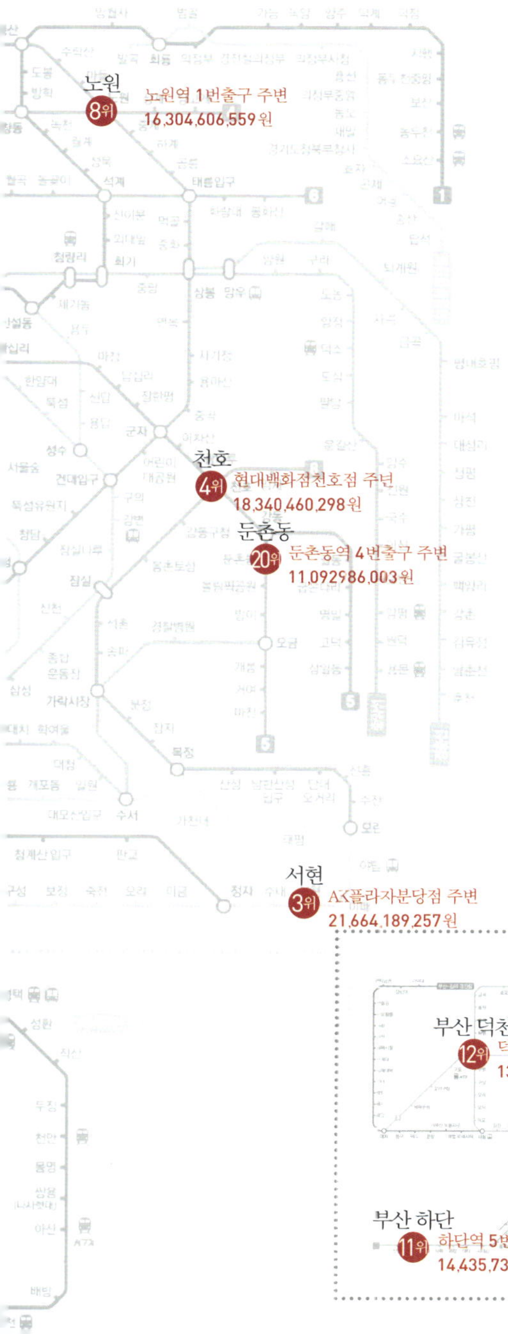

노원
8위 노원역 1번출구 주변
16,304,606,559원
천호
4위 현대백화점천호점 주변
18,340,460,298원
둔촌동
20위 둔촌동역 4번출구 주변
11,092,986,003원
서현
3위 AK플라자분당점 주변
21,664,189,257원

부산 덕천
12위 덕천역 4번출구 주변
13,917,272,732원
부산 서면
10위 부산진경찰서 주변
14,455,615,785원
부산 하단
11위 하단역 5번출구 주변
14,435,733,780원

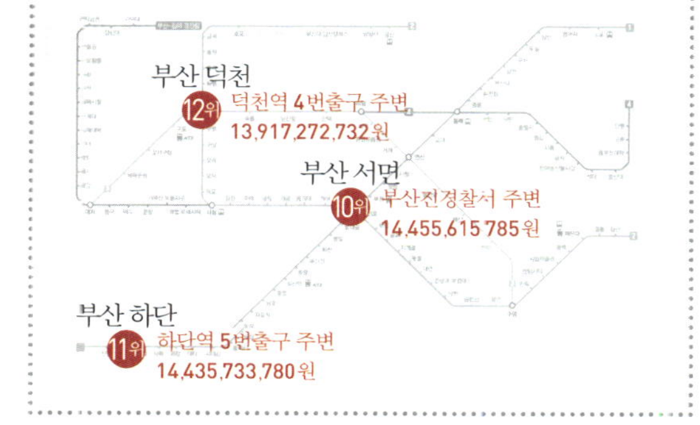

유동인구에 속지 말라

유동인구가 많으면 무조건 장사가 잘되는 것으로 생각하는 창업자가 많다. 이 때문에 거금을 빌려 중심상권에서 창업했다가 큰 손해를 보는 경우를 종종 봐왔다. 이는 크게 잘못된 생각이다. 업종에 따라 상권面을 중시해야 하는 경우도 있고, 지점點을 봐야 하는 경우도 있으며, 동선線 즉, 유동인구가 많아야 잘되는 업종도 있다.

서울의 유동인구를 보자. 강남역은 하루 평균 20만명 이상이 오가는 중심상권이며 잠실, 신림, 삼성역 등도 14만명 이상이 이용하는 초대형 역세권이다. 반면에 신길, 영등포구청, 약수역 등은 5,000~6,000명이 이용하는 작은 역에 불과하다.

하지만 유동인구 1위긴 강남역과 253위인 영등포구청역 도가니탕 전문점의 매출을 비교해본 결과, 두 군데 모두 하루 평균 200만원 안팎으로 나타났다. 권리금은 강남역이 1억8,000만원이었지만 영등포구청역 유동인구 6,729명 인근 점포는 3,000만원에 불과했고, 임대료도 월 800만원과 160만원으로 큰 차이를 보였다. 도가니탕 전문점이 유동인구에 좌우되는 업종이라면 산술적으로는 30배 이상 매출 차이를 보여야 맞다. 업종에 따라 상권분석에서 중시하는 요소factor가 달리해야 한다는 것을 쉽게 알 수 있다.

이 세 가지 요소를 감안해 상권에 따른 유망업종을 어떻게 구분해야 할까? 우선 동선線을 중시해야 하는 업종은 타깃층의 이용 빈도가 높고 유동인구를 상대로 하는 것이어야 한다. 편의점, 커피 전문점, 분식점 등이 여기에 해당한다.

상권面을 중시해야 하는 업종은 고객층의 주문 목적이 명확하거나 푸시push마케팅, 즉 찾아가는 서비스가 강한 업종이어야 한다. 세탁소, 중국음식점, 피자 전문점, 리폼서비스업, 치킨 전문점 등이 여기에 속한다.

입지點를 잘 분석해야 하는 업종은 상권 반경을 명확히해야 하는 업종이거나 반복구매가 이루어지는 상품을 판매하는 경우다. 서

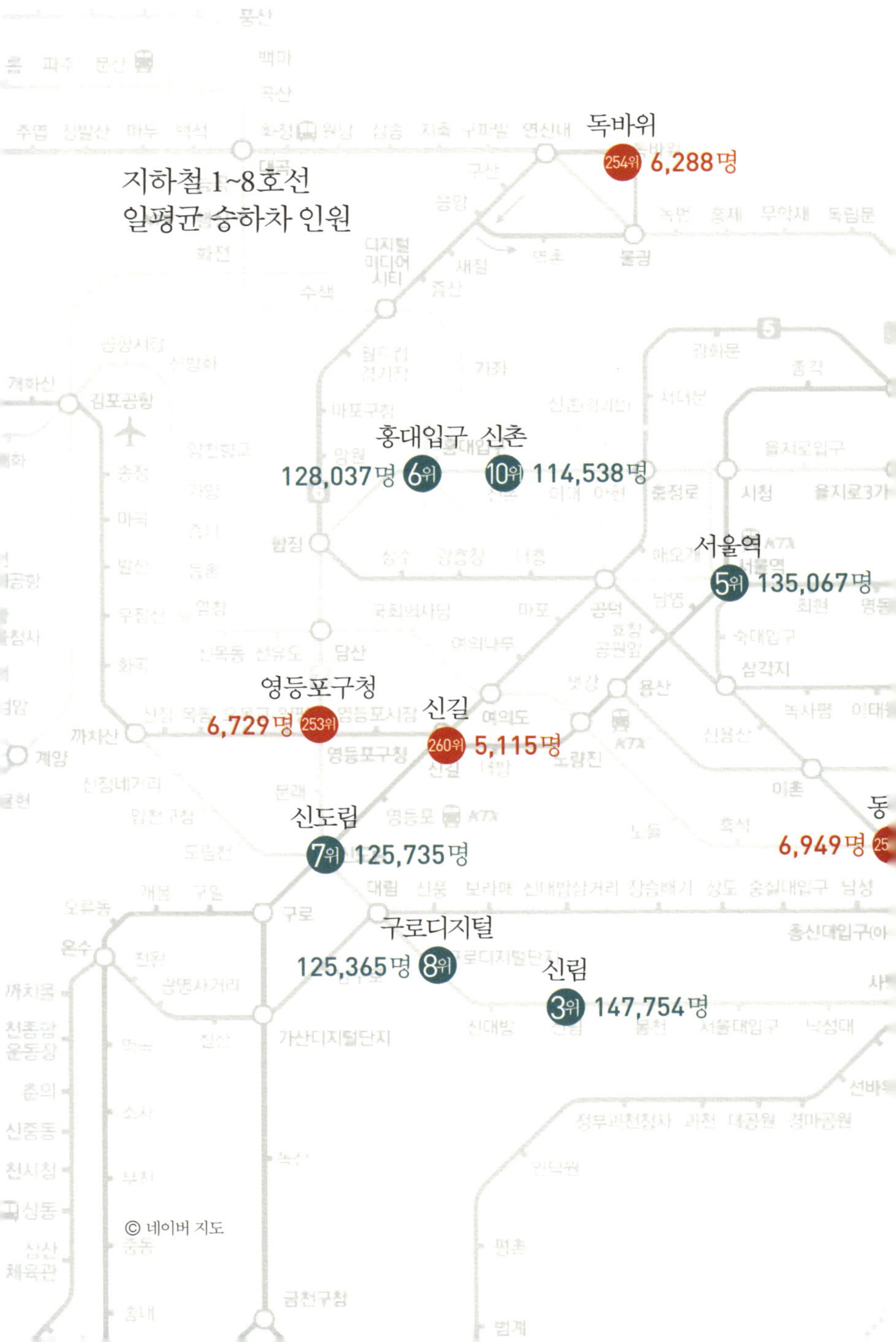

지하철 1~8호선
일평균 승하차 인원

독바위
254위 6,288명

홍대입구 신촌
128,037명 6위 10위 114,538명

서울역
5위 135,067명

영등포구청
6,729명 253위

신길
260위 5,115명

신도림
7위 125,735명

동
6,949명 25

구로디지털
125,365명 8위

신림
3위 147,754명

© 네이버 지도

강남역, 3코스 떨어진 학여울역의 35배

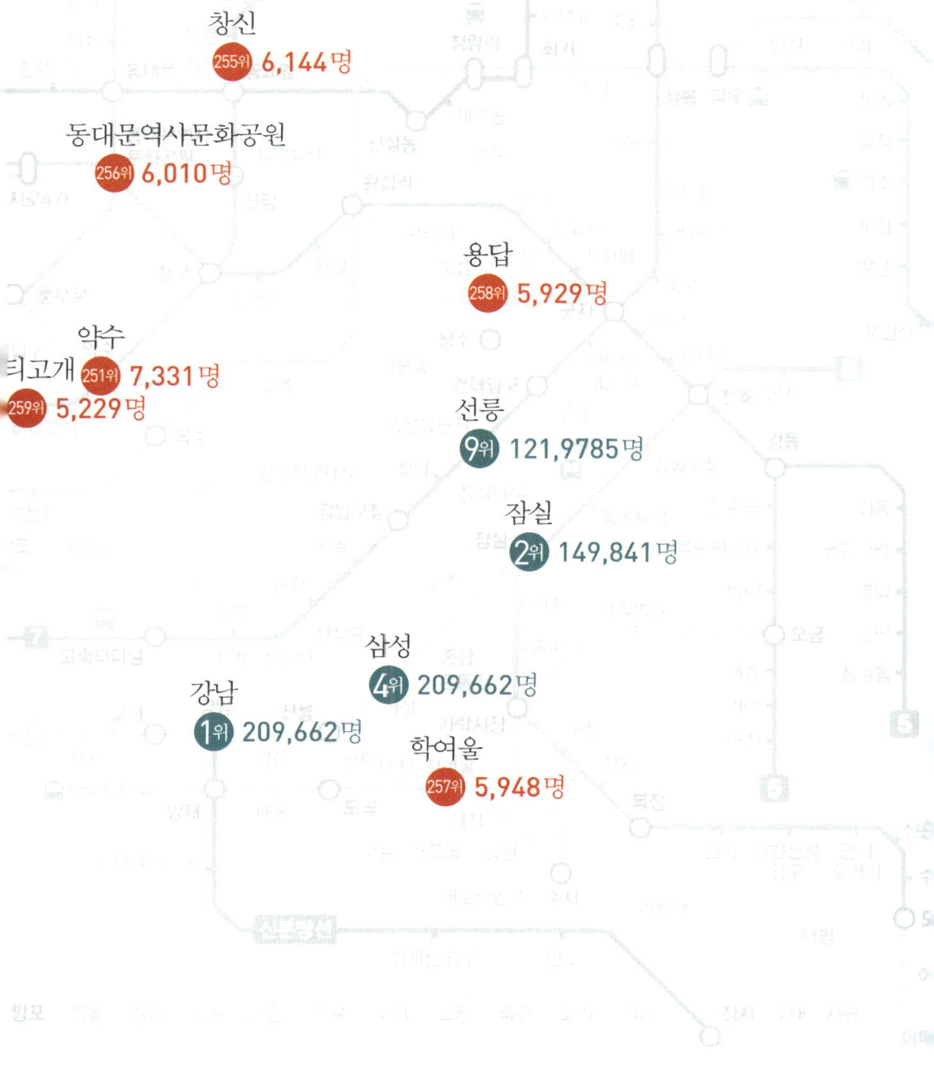

점, 빵집, 학원, 슈퍼마켓, 부동산중개소, 비디오대여점, 약국 등이 그렇다. 물론 의원처럼 진료 과목에 따라 입지를 중시해야 하는 경우도 있고, 동선을 중시해야 하는 경우도 있다. 예컨대, 소아과, 이비인후과, 내과, 안과 등은 입지를 중시해야 하지만 정형외과, 치과, 성형외과 등은 상권 혹은 동선을 중시해야 하기 때문이다.

최소한 업종이 어떤 유형인지만이라도 파악한다면 실패율을 최소화 할 수 있을 것이다.

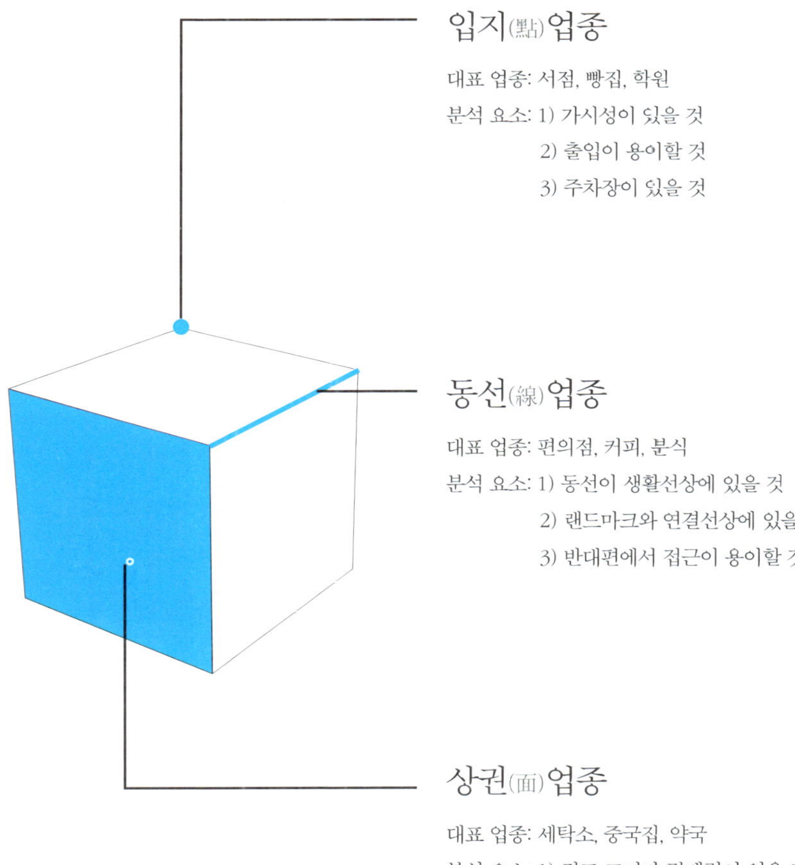

입지(點)업종

대표 업종: 서점, 빵집, 학원

분석 요소: 1) 가시성이 있을 것

2) 출입이 용이할 것

3) 주차장이 있을 것

동선(線)업종

대표 업종: 편의점, 커피, 분식

분석 요소: 1) 동선이 생활선상에 있을 것

2) 랜드마크와 연결선상에 있을 것

3) 반대편에서 접근이 용이할 것

상권(面)업종

대표 업종: 세탁소, 중국집, 약국

분석 요소: 1) 점포 크기가 경쟁력이 있을 것

2) 상권의 발전가능성이 있을 것

3) 업종 경쟁력이 강할 것

얼마나 파느냐보다
얼마나 남기느냐

일반적으로 매출만 가지고는 얼마나 벌 수 있는지 가늠하기 어렵다. 원가가 낮으면 적은 매출로도 많은 이익을 남길 수 있지만, 마진이 박하면 실제로 이익이 적기 때문이다. 예를 들면 약국에서 의사의 처방전에 적힌 약품명으로 조제할 경우는 약품에서는 전혀 이익이 남지 않는다. 그러나 성분명으로 조제할 경우, 약품에 따라 약값 차이가 최고 20배에 달하기 때문에 마진은 그만큼 커질 수밖에 없다. 물론 예로 든 이 경우는 위법이지만 이치가 그렇다는 것이다.

평균매출을 구간별로 분석한 결과, 상위 30% 전후에서 평균매출이 결정된다는 사실을 확인했다. 하위 70%는 평균매출에도 미치지 못하는 수준인 것이다. 따라서 평균매출에서 수익률이 얼마나 되느냐에 따라 대상 업종의 유망 여부를 판단하는 중요한 잣대가 된다.

또 한 가지 사전에 참고할 점은 예상수익률, 좀 더 정확하게 말하면 영업이익률을 추정하기 위해 업종별 평균 지출비율을 기준으로 했기 때문에 입점 조건에 따라 다르게 나타날 수 있다는 점을 고려해서 이해하면 좋다.

최근 1년간 자료를 기준으로 영업이익률을 분석한 결과, 의료업종을 제외한 자영업종 가운데 영업이익률이 가장 높은 업종은 어린이 영어학원으로 58.7%에 달했다. 다음으로는 아이스크림 전문점49.2%, 커피 전문점43.5%, 패스트푸드41.7% 등으로 나타났다.

영업이익률이 가장 낮은 업종으로는 독서실로16.6%로 지난 1년간 가장 저조한 업종으로 분류되었고, 주유소9.3%, 노래방14.0%, 유기농식품점18.8% 등은 평균매출에서 차지하는 영업이익률이 가장 낮은 업종에 속했다. 실제로 독서실은 월평균 610만원의 매출을 올리는 데 그쳐 임대로 내기도 쉽지 않았을 것으로 보인다, 주유소도 출혈경쟁으로 리터당 100원을 벌기가 어렵다. 9.3%의 마진으로는 1,000드럼1 드럼=200리터을 팔아도 운영이 버거웠을 것으로 예상된다.

업종별 전국 평균 영업이익률

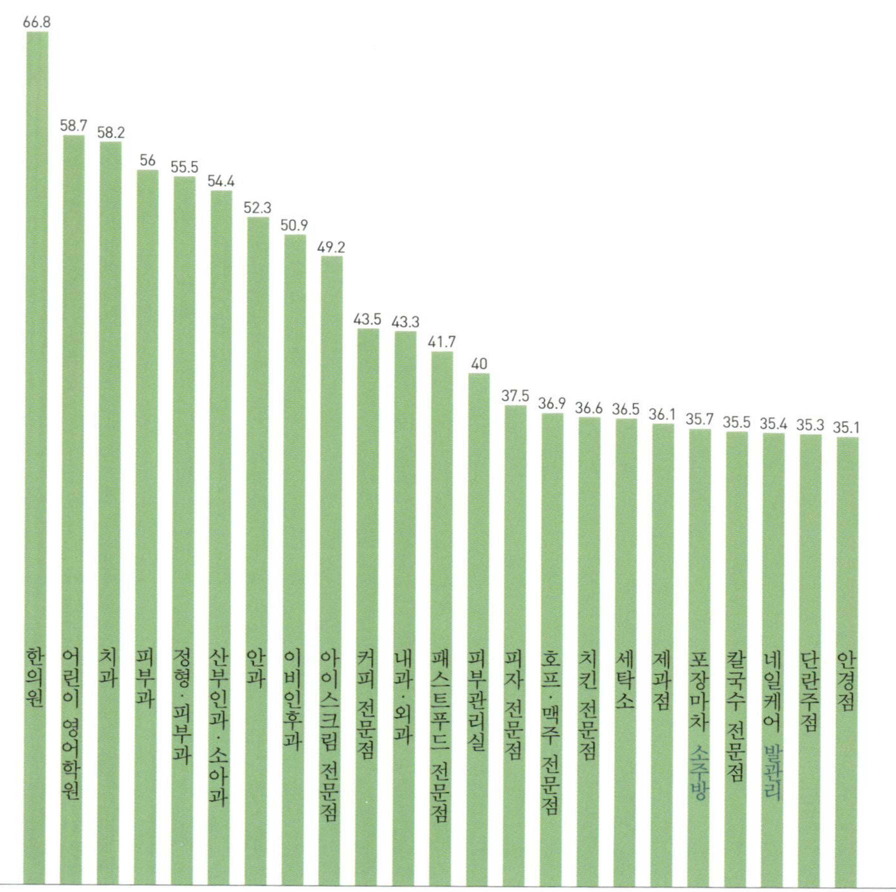

주유소,
남는 장사 아니다

34.6
32
31.3
31.3
31.2
30.8
27.9
27.5
27.2
25.6
25.3
25
24.5
24.5
24.4
24.2
24
22.3
22
20.5
18.8
14
9.3
중국음식점
분식집
미용실
액세서리 전문점
갈비·삼겹살 전문점
냉면 전문점
꽃집
감자탕 전문점
아동복 유아복 전문점
편의점
여성의류 전문점
한식점
정육점
화장품 전문점
횟집
골프용품점
파스타 전문점
약국
베트남쌀국수 전문점
죽 전문점
유기농식품점
노래방
주유소
독서실
- 16.6

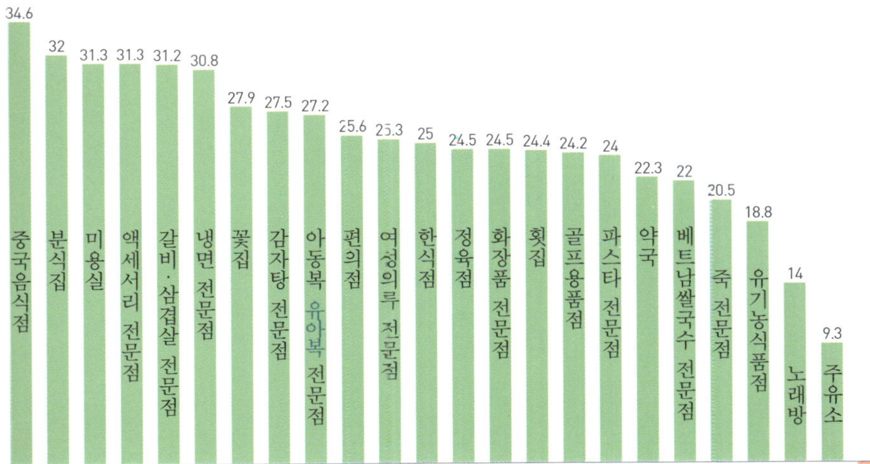

물론 영업이익이 전부 순이익으로 연결되는 것은 아니기 때문에 더욱 그렇다. 여기에서 영업외 비용과 세금 등을 제하고 나면 순이익은 얼마 되지 않는다. 따라서 평균매출이 높다고 해서 무조건 유리한 업종이라고 보는 것은 대단히 위험하다. 통상 평균매출은 상위 20%의 매출이 평균을 견인하기 때문에 나타나는 착시 현상일 수도 있다.

얼마 전 홍대앞에서 저가 와인카페를 운영하는 한 지인은 매출이 크게 늘어나자 건물주로부터 임대료를 100% 인상한다는 통지를 받고 어쩔 수 없이 점포를 옮겨야 하는 상황이 발생했다. 주변에서는 큰돈을 벌었다고 했지만 실제로는 임대료를 턱없이 올리려는 건물주의 횡포에 버는 건 고사하고 이전비와 마케팅 비용까지 추가로 써야 하는 난처한 입장이 된 것이다.

이처럼 입지에 따라 변수가 많기 때문에 매출이나 영업이익률만으로는 유망한지 판단하기가 쉽지는 않다. 그러나 통상 음식업의 경우, 평균 영업이익률은 18~23% 수준으로 보면 틀림없다.

순익 은 어떻게 산출하나

매출
이익
=
매출
-
원가
영업
이익
=
매출
이익
-
판매비
-
관리비
경상
이익
=
영업
이익
+
영업외
수익
-
영업외
비용
순익
=
경상
이익
-
종합소득세
(or 법인세)

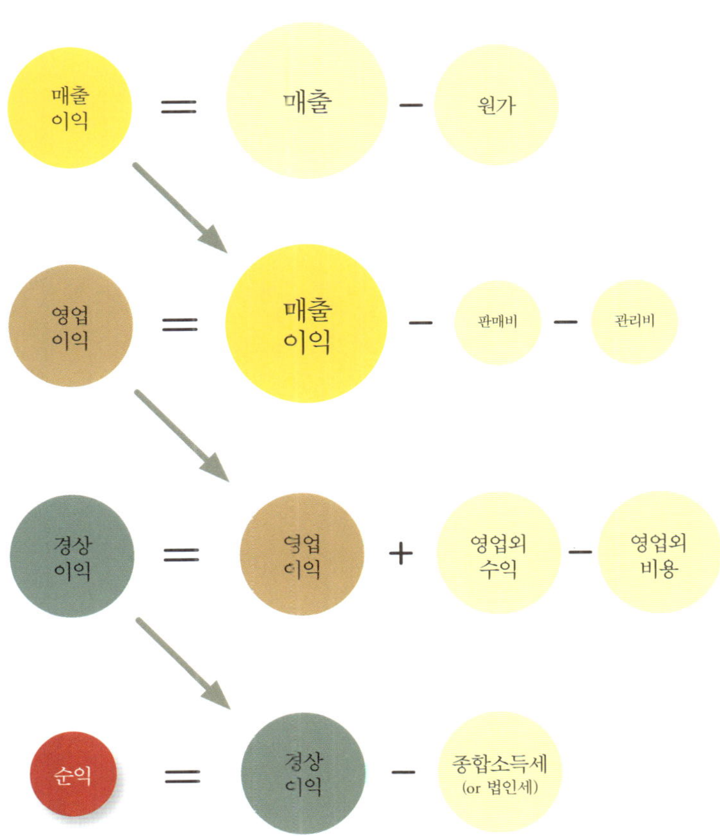

살아나는 상권
죽어가는 상권

역세권은 서울에 289개가 있다. 이를 다시 8개 상권그룹으로 나눌 수 있는데, 여기에 포함된 12개 초광역 역세권 총 매출이 서울 자영업 전체 매출의 83%를 차지할 정도로 주요 역세권은 창업시장을 견인하는 중심축이라 할 수 있다.

언급한 두 개 상권의 180개 주요 업종 총매출을 정밀분석한 결과, 전년 동기 대비 6% 하락한 것으로 나타났다. 2012년 7월 31일 기준 강북이 10.8% 하락했고, 강남 역시 -3.8%였다. 강북에서 가장 매출이 급감한 지역으로는 종로2가역과 혜화역대학로으로 평균 21%나 감소했다. 반면에 성신여대역 상권은 0.8% 성장세를 보였다.

강남권에서는 3개 주요 역세권 중 여의도역 상권이 21.3% 줄어들었고, 오목교역이 -10.8%, 압구정역이 -8.9%였다. 그러나 신천, 건대입구, 이수, 신사, 사당, 매봉, 신림역 상권 등의 매출 하락은 소폭에 그쳤다.

반면에 비활성화 역세권을 포함한 비역세권 매출은 18.3%나 줄었다. 일부 역세권을 제외하면 역세권이 비역세권에 티해 여전히 매출 우위에 있음을 보여주는 대목이다.

이처럼 역세권 매출이 점점 떨어지고 있는 것은 창업자의 역량 차이도 있지만 최근 악화된 국내외 경제 상황 때문이라는 점은 부인하기 어렵다. 우리나라 경제가 소프트패치soft patch, 즉 상승국면의 경기가 일시적으로 침체된 상황이 아니라 다시는 고도성장을 경험하지 못할 수도 있는 저성장시대에 접어들었기 때문이다.

실제로 역세권 창업이 점차 저성장형 업종으로 바뀌고 있다. 서울의 주요 상권 매출등락을 보면 그동안 꾸준히 성장했던 대표업종들보다 저가 업종의 약진이 두드러진다. 특히, 이색 업종의 전진기지로 여겨졌던 주요 역세권이 누들, 편의점, 감자탕, 중국음식 등 전통화 업종들로 바뀌고 있는 것이다.

이에 따라 권리금도 업종에 따라 등락 판도가 다르게 나타나고 있

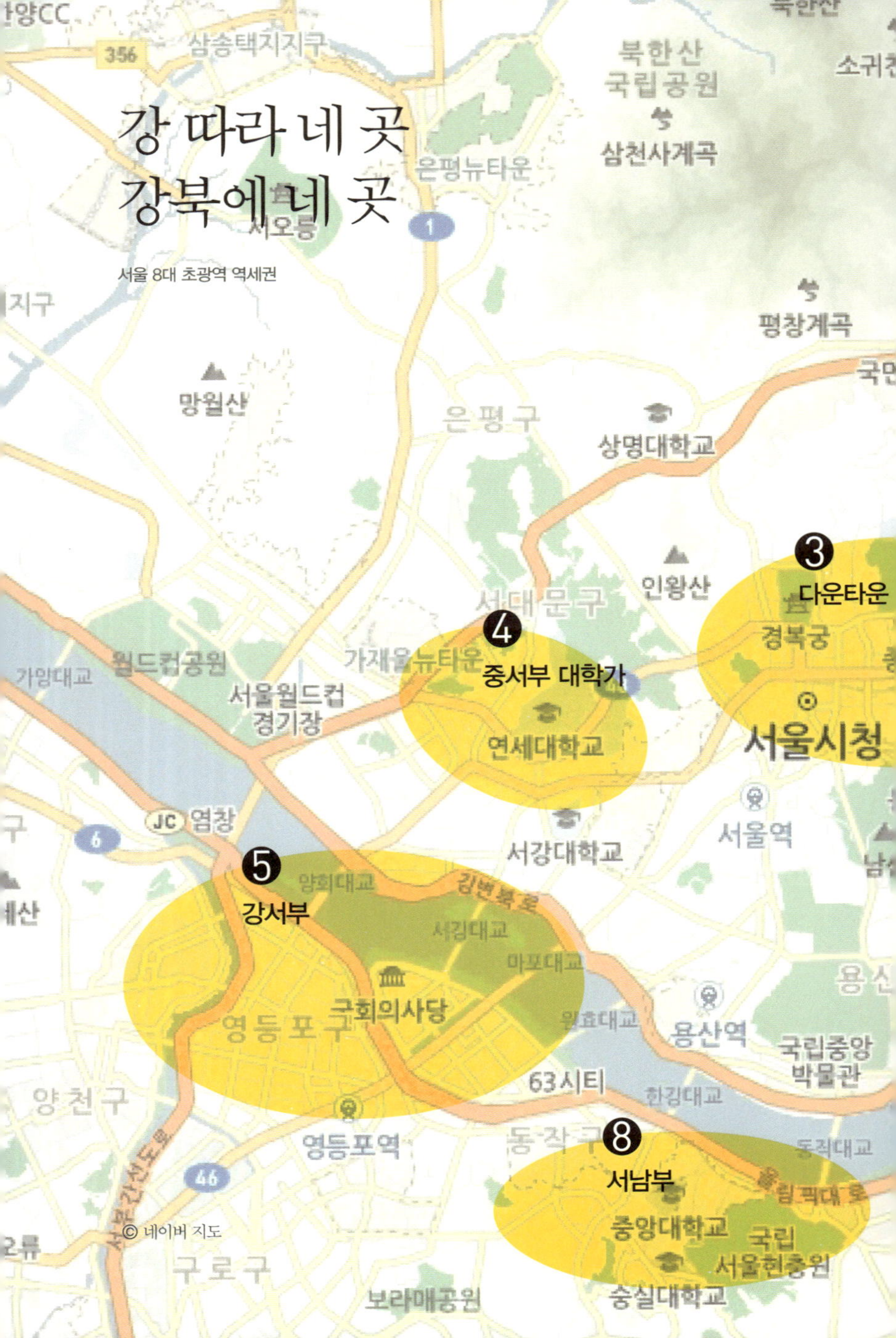
강 따라 네 곳
강북에 네 곳
서울 8대 초광역 역세권
© 네이버 지도
❸ 다운타운
경복궁
서울시청
❹ 중서부 대학가
연세대학교
❺ 강서부
❽ 서남부
중앙대학교
국립
서울현충원
숭실대학교
국회의사당
영등포구
영등포역
구로구
양천구
보라매공원
북한산
국립공원
삼천사계곡
평창계곡
삼송택지지구
은평뉴타운
서오릉
망월산
은평구
상명대학교
인왕산
서대문구
가재울뉴타운
월드컵공원
가양대교
서울월드컵
경기장
JC 염창
양화대교
서강대교
마포대교
원효대교
63시티
한강대교
동작대교
서강대학교
서울역
용산역
국립중앙
박물관
동작구
소귀천

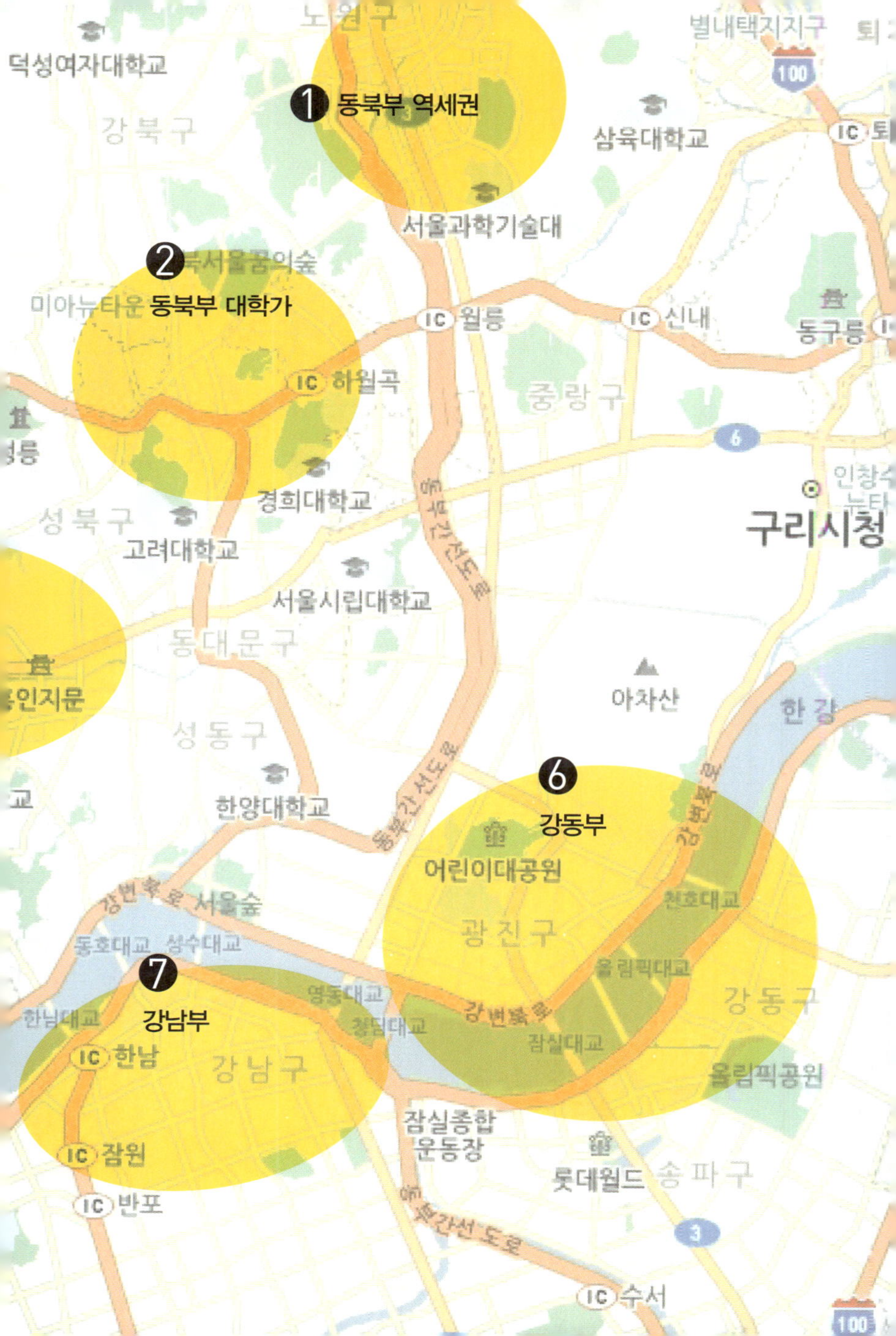

덕성여자대학교
노원구
별내택지지구
퇴
강북구
삼육대학교
IC 퇴
❶ 동북부 역세권
서울과학기술대
❷ 서울꿈의숲
미아뉴타운
동북부 대학가
IC 월릉
IC 신내
동구릉
IC 하월곡
중랑구
인창수
누타
성릉
구리시청
경희대학교
성북구
고려대학교
서울시립대학교
동대문구
아차산
한 강
인지문
성동구
한양대학교
❻ 강동부
강변북로 서울숲
어린이대공원
천호대교
동호대교 성수대교
광진구
올림픽대교
강동구
❼ 강남부
영동대교
한남대교
강남부
청담대교
강변북로
한남대교
IC 한남
강남구
잠실대교
올림픽공원
IC 잠원
잠실종합
운동장
롯데월드 송파구
IC 반포
IC 수서

홍대입구
일반의류
스탠드빠·카페
호프·맥주
한식
미용실

신촌
호프·맥주
한식
양식
갈비·삼겹살
노래방

고시원
국수·만두·칼국수
화장품
편의점
당구장

비만·피부관리
해장국·감자탕
아이스크림
곱창/양구이

영등포
일반의류
한식
숙박시설
유흥주점

구두제화
오리고기
사우나
슈퍼마켓
성형외과

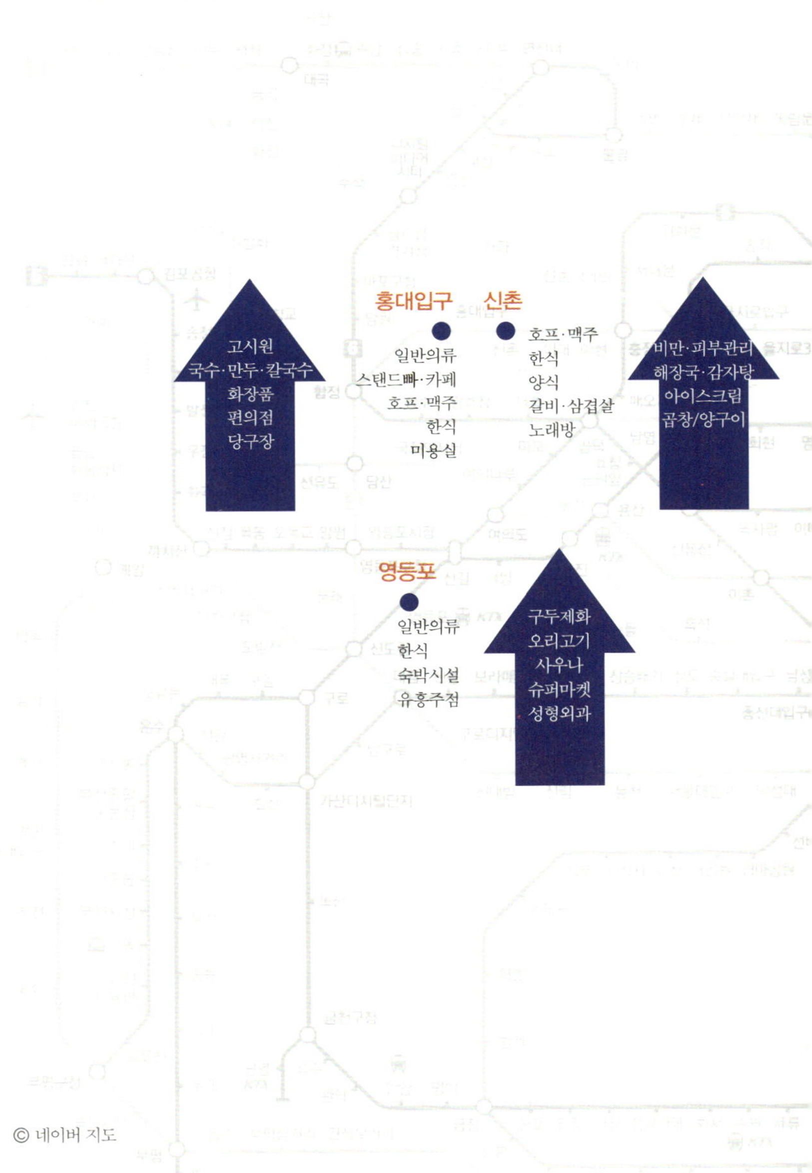

© 네이버 지도

강남에선 입는 장사
신촌에선 먹는 장사

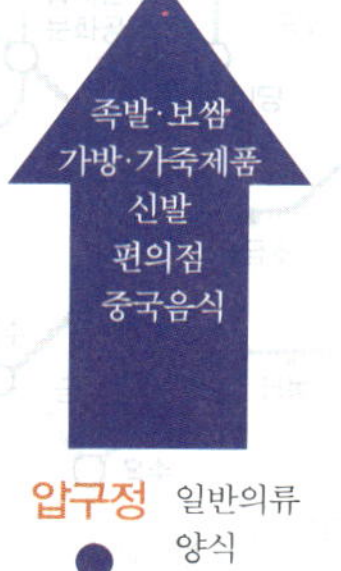

상원 명	2010년 3월	2010년 9월	2011년 3월	2011년 9월	2012년 3월	2010년 대비 2012년 총매출 증감율
강남	85,001,506,995	75,868,309,459	89,723,265,166	89,344,972,870	102,510,257,789	20.6%
신사	33,307,123,257	34,420,593,234	38,879,118,142	33,071,725,827	37,331,771,642	12.1%
영등포	25,439,526,023	25,032,865,154	30,219,135,835	23,805,998,407	27,834,690,015	9.4%
홍대	43,132,657,606	42,056,763,088	48,058,508,486	41,607,558,434	44,880,438,287	4.1%
압구정	55,903,052,693	53,172,033,063	62,178,245,636	49,166,311,436	56,618,875,443	1.3%
신촌	53,426,135,228	49,686,435,017	56,232,487,305	46,505,591,410	53,876,942,508	0.8%
청담	69,494,445,158	61,618,184,900	75,045,050,430	58,270,698,736	66,841,023,851	-3.8%
이대	27,179,793,613	26,199,273,354	28,950,676,730	24,557,802,872	24,982,176,024	-8.1%
명동	19,779,370,825	18,951,947,297	20,227,772,243	17,212,282,367	17,434,218,484	-11.9%
종로	60,854,182,755	52,110,194,995	60,926,325,306	45,105,849,970	47,682,150,540	-21.6%
인사동	19,312,441,055	17,008,398,107	21,322,447,376	13,337,664,512	13,368,368,279	-30.8%

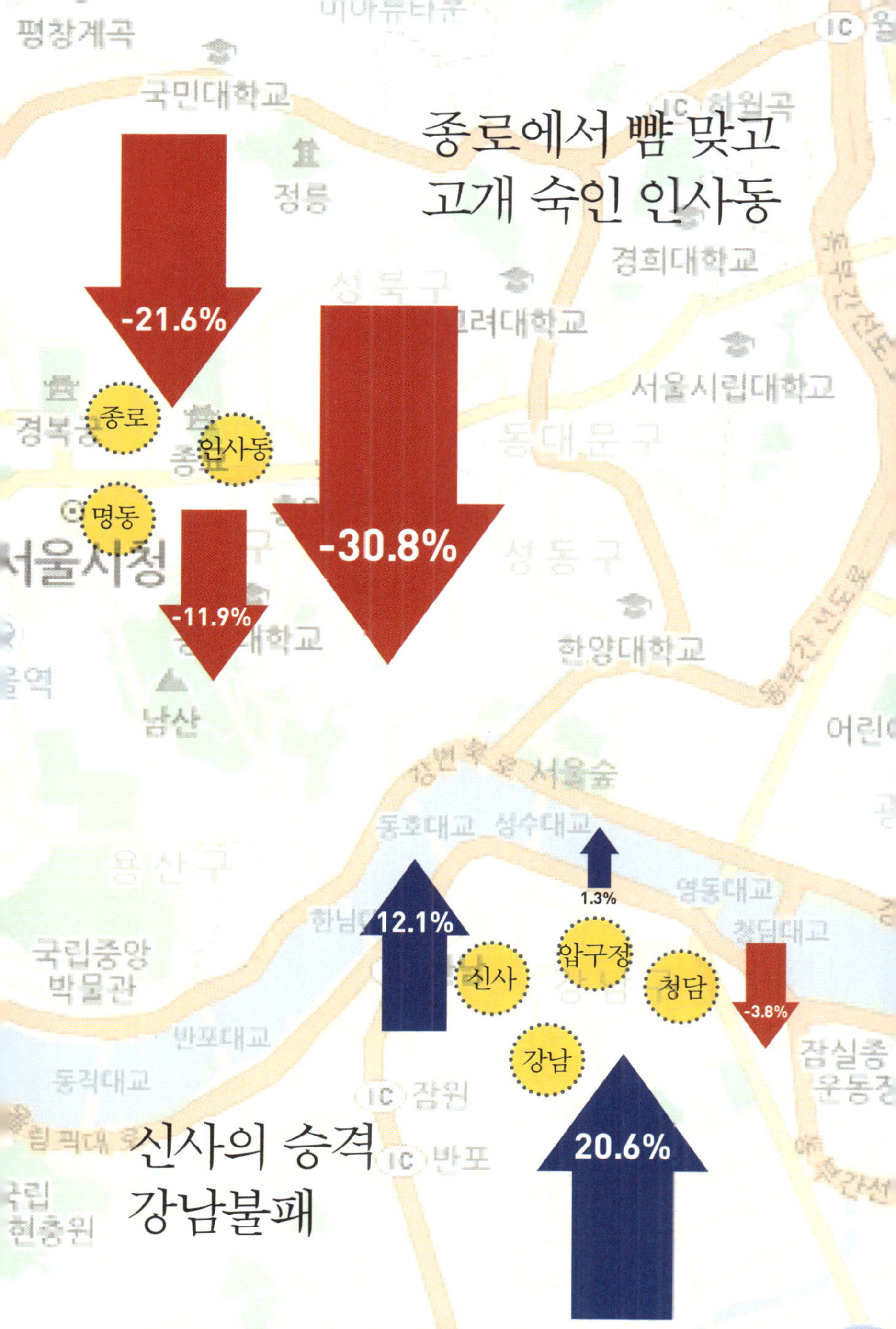

평창계곡
국민대학교
정릉
종로에서 뺨 맞고
고개 숙인 인사동
경희대학교
성북구
고려대학교
서울시립대학교
-21.6%
경복궁
종로
인사동
명동
동대문구
서울시정
-30.8%
성동구
-11.9%
대학교
한양대학교
남산
어린이
용산구
서울숲
동호대교
성수대교
1.3%
한남대교
명동대교
12.1%
청담대교
국립중앙
박물관
신사
압구정
청담
-3.8%
강남
반포대교
동작대교
잠실종합
운동장
IC 잠원
신사의 승격
강남불패
IC 반포
20.6%
국립
현충원

유동인구의 움직임을 포착하라

강남역 유동인구의 시간대별 변화

다. 편의점, 중국음식점, 제과점 등은 권리금이 높아지고 있는 반면에 성장기에 잘되는 유흥주점, 브랜드 의류점 등은 최고 50%까지 떨어진 상태다. 점포라인 조사

그러나 가뭄이 들면 물고기들이 저수지 한가운데로 모이듯 저성장시대에는 고객들이 역을 낀 광역상권으로 모이는 경향이 있기 때문에 업종 선택만 잘하면 여전히 역세권에 기회가 있다.

유념해야 할 점은 '뜨는 상권'에 출점해야 한다는 것이다. 그 이유는

자영업의 경우, 매출상승과 안전성장을 기대할 수 있으며 투자자에게는 임대료 상승을 가져와 투자가치를 높일 수 있기 때문이다.

일반적으로 뜨는 상권은 몇 가지 특징을 갖고 있다.

1. 유입인구 수가 점차 증가한다.
2. 상권 총매출이 점진적으로 늘어난다.
3. 경매물건 낙찰가율이 유사 상권에 비해 높다.
4. 대상상권 고용자 수가 증가한다.
5. 유동인구 중 20, 30대 비중이 70%를 넘는 경우가 많다.

뜨는 상권을 쉽게 알 수 있는 방법이 있다. 점포 크기가 점점 넓어진다거나 다른 유사 상권에 비해 이색 업종, 신업종이 많은 경우, 또는 성형외과 치과, 피부과 등 목적 진료형 의원 수가 늘어난다거나 SNS에 방문 인증샷이 늘어날 경우, 뜨는 상권으로 보면 틀림없다.

서울의 경우, 뜨는 상권은 강남, 신사가로수길, 영등포타임스퀘어, 홍대역 등이고, 지는 상권은 인사동, 종로, 명동, 이대역 등이다. 뜨는 상권이라 할지라도 입지에 따라 업종을 달리해야 한다. 낮시간대와 밤시간대 유동인구가 큰 차이가 있다. 점심을 위주로 하는 업종이라면 강남역 대로변이나 동북방향의 입지가 유리하지만 야간업종이라면 서북쪽 입지가 유리함을 알 수 있다. 같은 상권이라도 어떤 업종으로 창업하느냐에 따라 입지를 달리해야 한다.

상권에 따라 업종 포지셔닝도 달라야 한다. 신촌과 가로수길은 고객 성향이 다르므로 업종이나 가격정책이 달라야 하지만 압구정 로데오거리와 가로수길은 고객 성향이 비슷한 만큼 유사 콘셉트로 접근하되 뜨는 상권으로 가는 동선을 공략해야 한다.

로데오거리보다 가로수길 매출이 크게 늘고있다. 특히, 의류와 경양식 등은 상권 크기를 감안하면 가로수길 매출이 압도적으로 높다. 고객이 가로수길로 이동하고 있다는 증거다. 요즘은 가로수길을 기준으로 세로수길이 점차 활성화되고 있다.

기술업종은 고객의 소비수준을 감안해 입지를 선택할 필요가 있다. 예를 들어 미용실의 경우, 청담역 인근은 1인당 9만원을 쓰는 고객이 44.9%나 되는 반면, 이대입구역 주변 미용실은 평균 3만원 수준이다. 객단가가 높다는 것은 파마, 코팅, 염색 등의 비용이 비싸다는 것을 의미하며 그만큼 고급 기술을 요구하는 상권이라는 점을 말해준다. 실제로 청담역 주변 미용실에서 일반 파마는 15만원, 예술파마는 30만원을 호가한다.

2012년 3월 점포당 월평균매출 비교

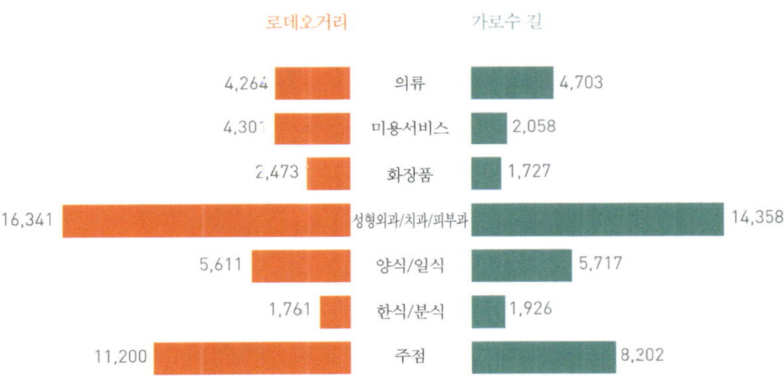

미용실은 이대앞에 117개가 있는데 99개가 영업 중인 청담동에 비해 월평균매출은 상당히 높고 이대앞 고객은 대부분 20, 30대 여성인 반면에 청담동은 20~50대까지 고루 분포되어 있다. 따라서 창업자의 기술 수준에 따라 상권을 선택해야 한다.

창업할 때는 뜨는 상권을 택하되 대상상권의 시간대별 유동인구 추이를 감안한 입지결정이 필요하다. 같은 업종이라도 역세권의 고객 특성을 감안해 적절하게 포지셔닝해야 한다. 물론 기술 수준에 따른 상권 선택도 중요한 창업조건임을 잊어서는 안 된다.

유기농식품점

서울이 유리하다. 구별로는 노원구가 단연 유리한 지역이다. 전년 동기 대비 매출이 무려 65.3%나 뛰었다. 양천과 마포, 강동구도 유력한 후보지다. 반면에 도봉, 금천, 성북, 서대문구 등은 피해야 할 지역으로 분류된다. 특히, 중랑, 구로구 등은 전국구별 매출 최하위권에 들어 있어 위험지역이다.

미국의 대표적인 유기농 슈퍼마켓 '홀푸드마켓www.wholefood smarket.com'. 지금은 나스닥에 상장된 세계적인 기업이 되었지만 창업 당시인 1978년에는 대학 중퇴생 신분인 존 매키당시 25세와 그의 여자친구21세가 지인들로부터 4만 5,000 달러를 빌려 '세이퍼웨이Saferway'라는 자연식품전문점을 오픈하면서 시작되었다.

1982년, 일본에서도 유기농식품점 "내추럴하우스www.naturalhouse.co.jp"가 문을 열었다. 유기농식품점을 처음 접한 것은 경인방송 iTV에서 〈이형석의 돈을 법시다〉를 진행하던 1998년에 일본의 뉴비즈니스를 취재하러 갔을 때다. 당시에는 단지 뉴비즈니스 가운데 하나 정도로 인식되던 때였다.

그로부터 20년 후인 2002년, 한 신문사로부터 유기농식품점 컨설팅 의뢰가 들어왔다. 대상은 한겨레초록마을www.hanifood.co.kr 이었다. 민간기업으토서의 유기농전문점은 초록마을이 효시다. 이러한 동선을 따라 들어온 유기농식품점은 웰빙바람을 타고 급속도로 성장했다.

웰빙 경기도
부산 용호1, 창원 상남, 충주 충인도 강세

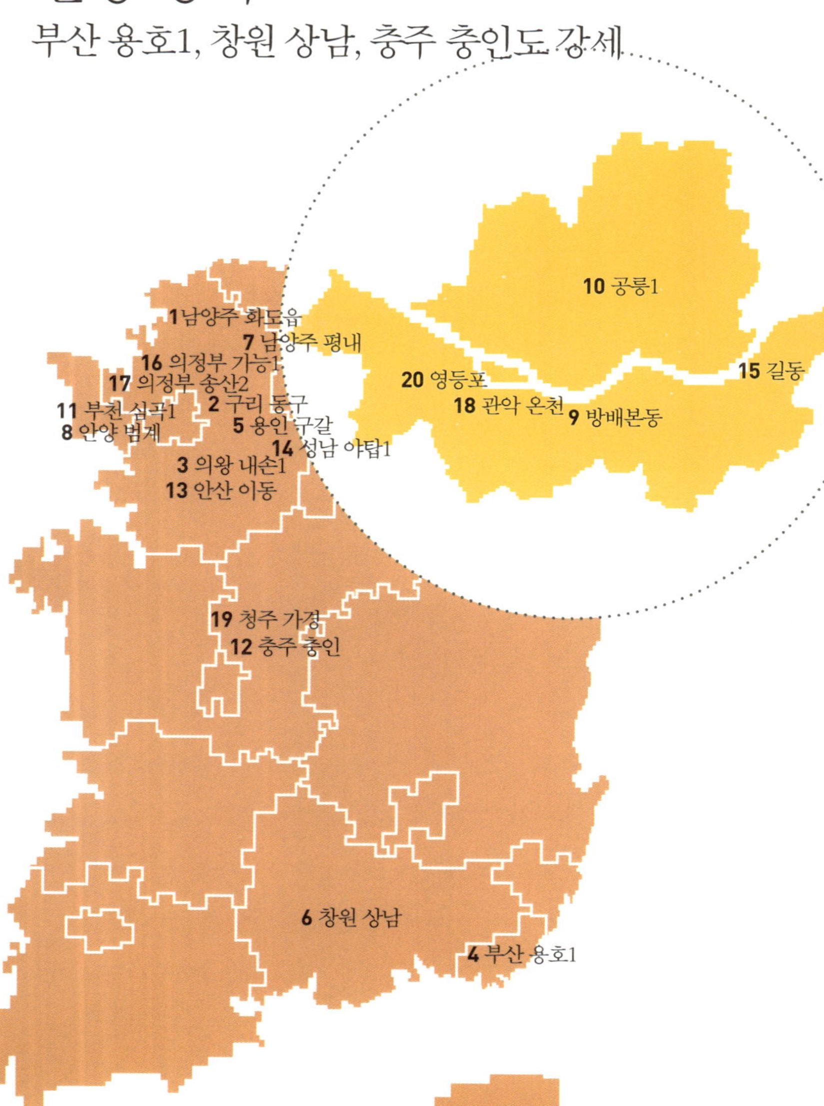

1 남양주 화도읍

평균매출 **72,403,646**원

점포수 3개

2 구리 동구
70,567,079원
3개

3 의왕 내손1
65,827,780원
3개

4 부산 용호1
64,327,161원
3개

5 용인 구갈
62,861,870원
3개

순위	지역	평균매출	점포수
6위	창원 상남	61,996,111원	3개
7위	남양주 평내	61,362,090원	4개
8위	안양 범계	59,566,643원	4개
9위	방배 본동	58,798,817원	3개
10위	공릉1	55,922,406원	3개
11위	부천 심곡1	54,246,730원	3개
12위	충주 충인	52,789,439원	3개
13위	안산 이동	49,382,210원	4개
14위	성남 야탑1	48,930,492원	3개
15위	길동	47,383,185원	6개
16위	의정부 가능1	46,249,216원	3개
17위	의정부 송산2	44,388,583원	3개
18위	관악 온천	44,242,843원	4개
19위	청주 가경	43,466,032원	4개
20위	영등포	43,460,490원	3개

3월과 11월에 마케팅을 강화하라

유기농식품점 월별 평균 매출 추이

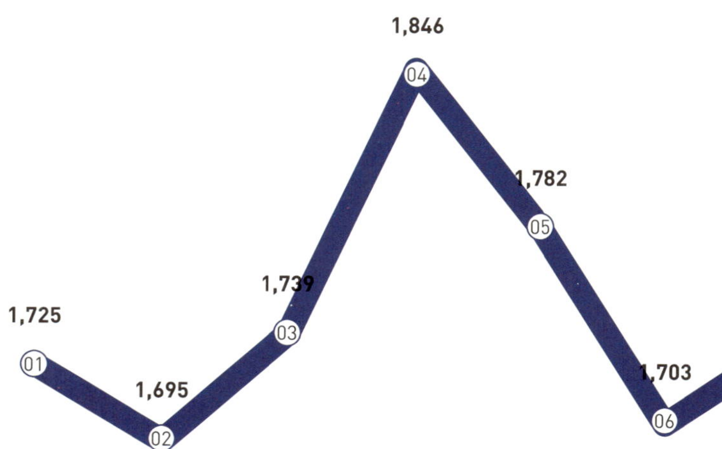

저성장시대로 접어든 지금, 이 업종은 어느 정도 성적을 내고 있을까? 그 사이 우리나라의 유기농식품점 매장은 2,292개로 늘어났고, 점포당 월평균 1,816만원의 매출을 올리는 안정업종으로 자리 잡았다. 이 가운데 상위 20%는 5,200만원으로 탄탄한 입지를 구축했다. 하지만 하위 60%는 1,300만원 수준에 머물러서 초기 투자비와 임대료 등을 감안하면 아직도 불안한 면이 없지 않다. 최소한 상위 30% 안에 들어야 안정권이라는 얘기다.

하지만 동별 상위 상권의 경우, 상당한 돈을 벌고 있다. 남양주 화도읍에는 3개점에서 평균 7,240만원의 매출을 올리고 있고, 구리

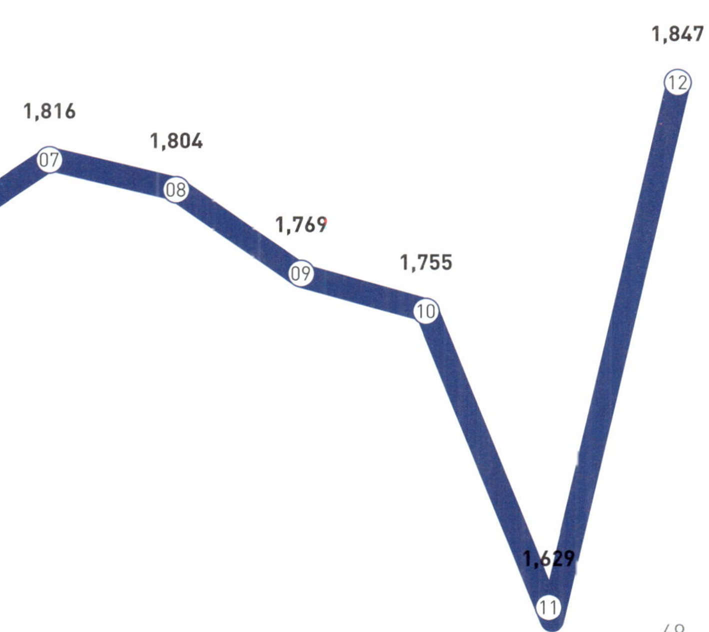

동구동에서도 7,050만원, 의왕 내손1동은 6,580만원어치를 팔고 있다. 상위 매출 지역에는 유난히 경기도가 많다. 언급한 3개지역 외에도 용인 구갈동, 남양주 평내동, 안양 범계동, 부천 심곡본1동, 안산 이동, 성남 야탑1동, 의정부 가능1동과 송산2동 등이 매출상위 20위 안에 드는 경기권이다.

반면에 서울은 방배본동5,870만원, 공릉1동5,600만원, 은천동4,420만원, 영등포동4,340만원 등 4개 구만 포함되었다. 지방도시로는 부산 용호1동6,400만원, 창원 상남동6,200만원, 충주 충인동5,300만원과 청주 가경동4,340만원 등이 상위 20위권에 이름을 올렸다.

유기농식품점의 장점은 매출 변동폭이 크지 않다는 데 있다. 월별 매출을 보면 11월과 2월에 다소 저조하다. 매출이 낮은 11월은 연말에 돈 쓸 곳이 많아 소비가 주춤하는 시기이고, 2월은 자녀들 학자금 문제로 부담이 되는 시기여서다. 하지만 4, 7, 8, 12월에는 평균 1,800만원 이상 오르기 때문에 보완이 되며, 나머지 달에도 1,700만원선을 유지하고 있기 때문이다.

이러한 분석 결과를 기초로 유망지역을 추출해보자. 광역시도별로는 서울에 상당한 여유가 있어 보인다. 인구 비중이 비슷한 경기도가 전국 점포 총수의 30.8%나 차지하면서도 매출 비중도

35.5%를 올리고 있다는 점이 이를 말해준다. 참고로 서울은 점포 비율16.9%이나 매출 비율21.5%이 경기도에 비해 크게 적기 때문이다. 소득수준과 소비수준을 감안한다면 서울이 상당히 유력한 지역이 될 것이다.

구별로는 노원구가 단연 유리한 지역이다. 전년 동기 대비 매출이 무려 65.3%나 뛰었다. 양천과 마포구, 강동구도 유력한 후보지가 될 것이다. 반면에 도봉, 금천, 성북, 서대문구 등은 피해야 할 지역으로 분류된다. 시장 규모도 다른 지역에 비해 크지 않고, 최근 매출이 줄어들고 있기 때문이다. 특히, 중랑, 구로구 등은 전국구별 매출 최하위권에 들어 있어 창업위험지역으로 판단된다.

정육점

다른 업종에 비해 정육점 시장은 그리 나쁘지 않다. 추천할 만한 지역으로는 서울의 경우, 송파, 은평, 금천구 등이다. 다만 대형마트 인근은 피해야 하고, 일반 정육점보다 '착한정육점' 다시 말하면 저렴한 가격의 정육식당으로 접근하는 것이 유리할 것으로 보인다.

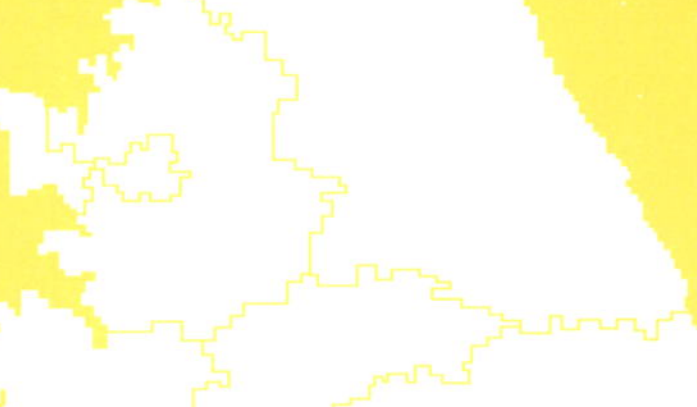

정육점의 월별 매출을 보면 설과 추석에 가장 많이 팔린다. 실제로 서울의 정육점 평균을 내 보았더니 설이 낀 1월 매출이 4,100만원으로 가장 높고, 다음이 추석인데 3,700만원어치를 파는 것으로 나타났다. 정육점당 평균 월매출은 2,700만원이니까 역시 명절 때 훨씬 많이 팔리는 셈이다.

그 해 소값에 따라 매출의 차이가 있는지를 알아보기 위해 최근 3년간 매출을 추적해보았다. 구제역 파동으로 한우의 적정 사육두수 250만 마리보다 적었던 2010년과 60만 마리가 초과한 2012년에도 정육점의 매출은 큰 차이를 보이지 않았다. 한우 가격이 오르면 이에 대응해 수입량을 늘리고, 소비자들은 수입육을 구매하기 때문인 것으로 풀이된다.

시군구별로는 담양, 읍권동별로는 창녕 대지면의 매출이 가장 높은 것으로 나타났다. 담양은 32개 점포에서 평균 5,380만원의 매출을 올렸고, 대지면은 6개의 점포에서 1억1,900만원을 벌었다.

경인 월매출 3,000만원 기대

경남, 부산 2,000만원선 '하위'

1 경기

총매출 138,812,254,382원
평균매출 31,377,092원
점포수 4,424개

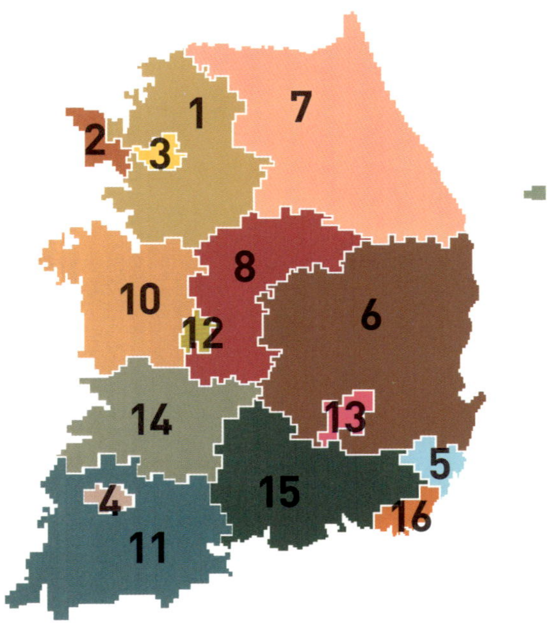

순위	지역			
2	인천	30,213,628,137원	28,369,604원	1,065 개
3	서울	97 995,928,549원	28,330,711원	3,459개
4	광주	16,377,170,474원	27,947,390원	586 개
5	울산	13,312,258,546원	27,112,543원	491 개
6위	경북	42,136,334,077원	27,079,906원	1,556개
7위	강원	27,934,026,715원	26,553,257원	1,052개
8위	충북	24,225,655,668원	26,447,222원	916개
9위	제주	6,924,590,154원	25,934,795원	267개
10위	충남	27,235,851,399원	25,767,125원	1,057개
11위	전남	22,115,444,833원	25,420,052원	870개
12위	대전	16,753,209,574원	24,564,823원	682개
13위	대구	28,090,653,893원	24,278,871원	1,157개
14위	전북	24,165,468,587원	23,902,542원	1,011 개
15위	경남	29,657,226,447원	22,972,290원	1,291 개
16위	부산	20,778,612,895원	18,291,032원	1,135 개

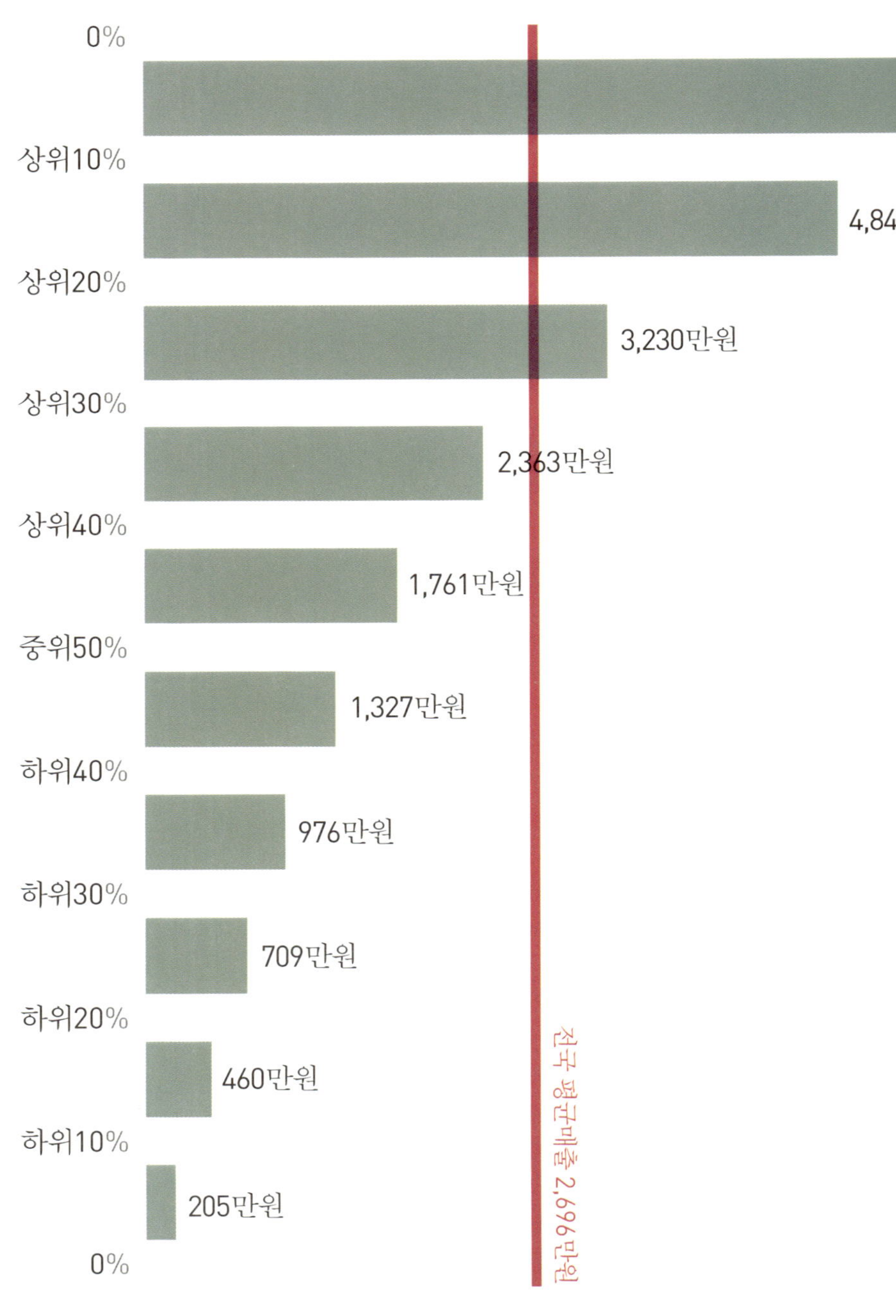

0%
상위10%
상위20%
3,230만원
상위30%
2,363만원
상위40%
1,761만원
중위50%
1,327만원
하위40%
976만원
하위30%
709만원
하위20%
460만원
하위10%
205만원
0%
4,84
전국 평균매출 2,696만원

상위 30%에 들지 못하면
업종 전환 고려

두 곳 모두 한우를 브랜드 상품으로 내놓은 지역이다.

또 다른 한우 고장인 횡성은 시군구에서는 5위4,990만원, 읍면동에 선 우천면이 3위1억 840만원였고, 장흥은 37개 점포 평균 5,130만 원으로 시군구 중에서 2위에 올랐다. 이처럼 한우를 브랜드화한 지역들의 매출이 대도시 정육점에 비해 상대적으로 높다.

이들 지역을 제외한 정육점들은 얼마나 벌고 있을까? 정육식당을 포함한 전국 정육점 2만 20개의 평균매출은 2,690만원으로 나타 났다. 이 가운데 상위 20%는 7,814만원이고, 하위 20%는 333만 원에 불과하다.

이를 상위 60%까지 확대한 결과, 월평균 1,150만원으로 분석되 었다. 10개 점포 중 6개는 1,000만원 이상 매출을 올리고 있는 셈 이다.

지역별로 보면 경기도가 평균매출 3,100만원으로 1위, 부산이 1,800만원으로 세종시를 제외한 16개 시도 가운데 최하위인 16 위다. 그런데 경기도는 전국 총 점포 수 비중이 21%에 매출 비중 은 24.5%나 되지만 부산은 점포비중이 5.4%인 반면에 매출비중 은 전국 총매출 대비 3.7%에 불과하다. 경기도는 점포비중보다 매출비중이 높은 지역이어서 다소 안정적이지만 부산은 상대적으로 어렵다는 얘기가 된다. 참고로 인구 비율을 보면 경기도가 21.7%, 부산이 7.5%다. 경기도는 인구 비중과 점포 비중이 비슷한데 매출은 평균 이상인 반면에 부산은 인구비중보다 점포비율이 낮은데도 매출이 낮다는 것은 부산 경기가 많이 안 좋다는 얘기다.

종합해보면 지역별로 경기의 차이는 있지만 다른 업종에 비해 정육점 시장은 그리 나쁘지 않은 것으로 보인다. 전국 정육점의 매출현황을 상위 60%까지 확대해본 결과 월평균 1,150만원으로 나타난 점이 이를 증명한다.

추천할 만한 지역으로는 서울에선 송파, 은평, 금천구 등이 유망한 것으로 나타났다. 다만 대형마트 인근은 피해야 하고, 단순히 정육점보다 '착한정육점' 다시 말하면 저렴한 가격의 정육식당으로 접근하는 것이 유리할 것으로 보인다.

편의점

평균 이상 매출을 올리는 지역은 경인지역을 제외하면 제주, 부산, 경남 정도다. 서울에서는 서대문구가 8,636만원으로 가장 많았고, 관악, 서초구 순이었다. 매출이 가장 낮은 지역은 중랑구로 1,011만원에 불과했고, 구로, 도봉구 순으로 낮았다. 서울에서는 강남3구보다 관악, 마포, 종로 등에서 창업하면 성공가능성이 높다.

정선에는 30개 편의점이 있다. 그 중 고한에만 11개의 점포가 있는데 평균매출이 1억4,700만원이나 된다. 전국 1위다. 통계로만 본다면 불가사의한 면이 없지 않다. 편의점은 전국적으로 2,380명당 1개가 있는데, 작은 시골마을인 고한읍에는 불과 472명당 1개나 있는데도 전국 동 기준으로 1위이기 때문이다.

이는 카지노 덕분이다. 고한읍은 카지노와 가까워서 대부분의 겜블러가 이곳에 숙소를 두고 있고, 호주머니가 얇아진 '카지노 난민'들도 이곳에 남아있다. 이런 특별한 상권도 있지만 편의점은 점포당 전국 평균 4,570만원의 매출을 올리고 있을 뿐이다.

그렇다면 편의점 창업을 지금 해도 괜찮을까? 창업 여부를 알아보기 위해 다시 편의점 현황을 좀 더 분석해보자. 2012년 8월말 기준으로 전국 편의점은 2만1,000개로 전년 대비 20%나 늘었다. 우리나라 읍면동이 3,570개니까 동마다 5.7개나 되고, 세대수로 보면 981세대당 1개 편의점이 있는 셈이다.

제주 4,650만원 3위
부산·경남 5위권, 대구·경북 최하위

1 서울

평균매출 **51,633,492**원
점포수 4,304개

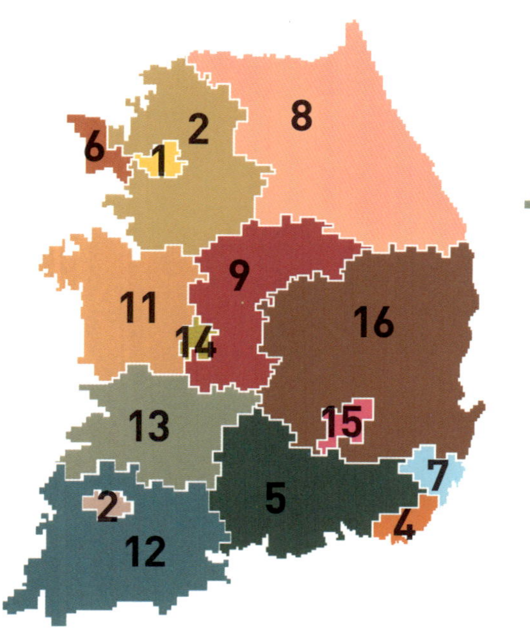

2	경기	49,237,453원	4,785개
3	제주	46,491,224원	499개
4	부산	45,571,364원	1,241개
5	경남	45,406,339원	1,459개

6위	인천	43,389,526원	574개
7위	울산	42,728,863원	424개
8위	강원	42,194,443원	943개
9위	충북	42,008,201원	724개
10위	전남	41,340,238원	668개
11위	충남	40,189,059원	928개
12위	광주	40,781,087원	645개
13위	전북	40,781,087원	793개
14위	대전	38,136,863원	558개
15위	대구	38,088,526원	614개
16위	경북	37,638,627원	949개

카지노 덕에 정선 고한읍 2위

'조선소' 거제 장평, '삼성' 아산 배방 10위권

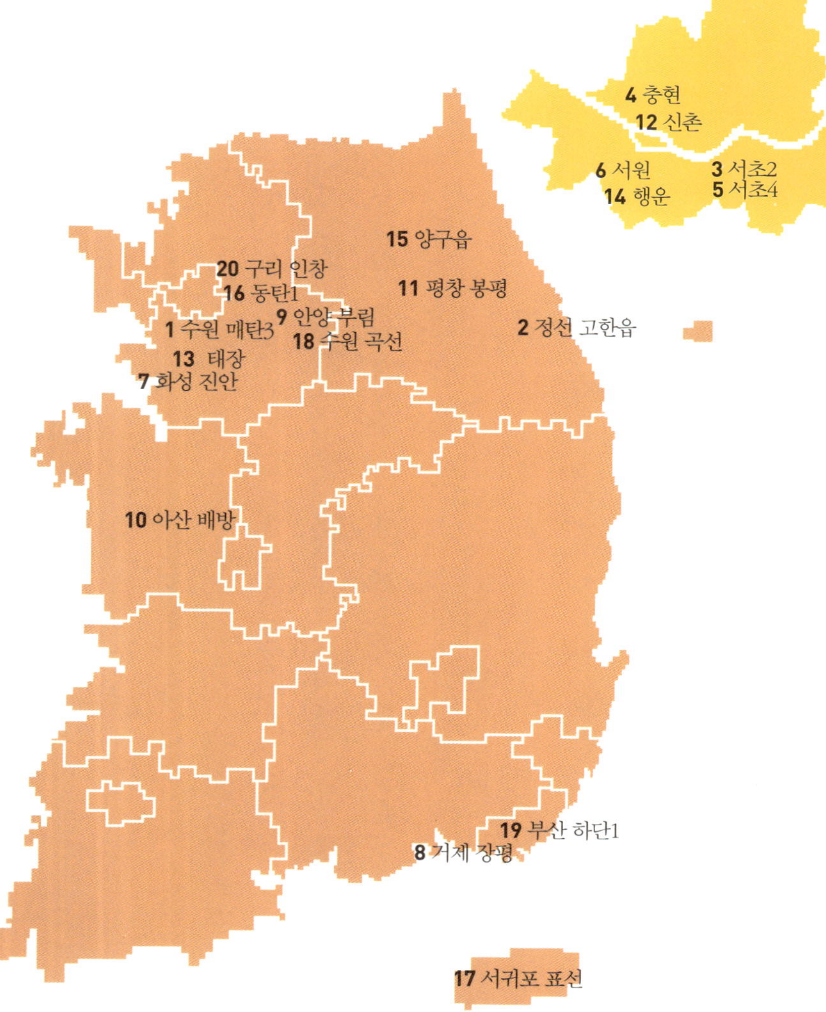

1 매탄3

평균매출 152,725,518원
점포수 26개

2 정선 고한읍
147,860,753원
11개

3 서초2
133,610,728원
23개

4 충현
129,199,925원
13개

5 서초4
120,964,824원
19개

순위	지점	매출	점포수
6위	서원	112,238,012원	12개
7위	화성 진안	110,126,386원	26개
8위	거제 장평	109,077,782원	24개
9위	안양 부림	108,223,340원	16개
10위	아산 배방	107,101,064원	29개
11위	평창 봉평	105,601,660원	10개
12위	신촌	102,647,337원	38개
13위	수원 태장	102,457,697원	15개
14위	행운	99,491,771원	11개
15위	양구읍	99,056,396원	10개
16위	동탄1	98,790,312원	46개
17위	서귀포 표선	98,613,428원	10개
18위	수원 곡선	95,467,596원	20개
19위	부산 하단1	91,820,844원	10개
20위	구리 인창	91,546,043원	10개

이 가운데 상위 20%의 평균매출은 9,865만원인데 반해 하위 20%는 955만원 정도로 빈익빈 부익부 구조가 뚜렷하다. 평균매출을 기준으로 한다 해도 투자금액, 근로시간 등을 감안하면 결코 안정된 매출 규모는 아니다. 물론 대부분의 업종이 평균이하 매출일 경우 생계에 위협을 받는 수준이지만 편의점 시장은 상위 3개 브랜드가 88.5%를 차지할 정도로 대기업의 독점적 시장 지배구조를 갖고 있어 심각한 문제가 될 수 있다.

여타 프랜차이즈 업체들의 경영능력이나 물류, 홍보 등 비교할 수 없을 만큼 막강한 브랜드 파워를 가지고 있음에도 이렇게 저조한 결과가 나왔다는 것은 시장의 문제가 아니라 브랜드간 출혈 경쟁의 결과로 보여진다. 이는 대기업간의 자존심 싸움에 가맹점 창업자들만 피해를 보는 꼴이 되기 때문이다.

전국 어디서나 편의점은 포화일까? 시도별 분석 결과, 수도권에 전체의 44%가 몰려 있고, 다음이 영남권으로 18%, 호남권은 절반 수준인 10%에 머물고 있다. 다른 자영업종과 비교해 볼 때, 지방은 다소 여유가 있어 보이지만 기존 점포들의 매출을 감안해 창업 여부를 판단할 필요가 있다.

우선 평균 이상의 매출을 올리는 곳은 경인지역을 제외하고 제주, 부산, 경남 정도다. 이들 지역의 점포당 매출은 4,600만원 수준으로 매출에 잡히지 않은 현금 비율을 감안하면 아직은 승산이 있다. 다만 밀집도가 낮아 입점 여유가 있을 것 같은 호남지역은 매출이 4,000만원 이하르 신규 입점할 경우, 상당한 리스크가 따를 것으로 예상된다. 이러한 결과는 소비자들의 업종선호도를 분석하면 잘 나타나는데, 편의점 창업자들이 호남보다 영남, 영남보다 서울을 선호하는 경향을 보이기 때문이다.

서울지역으로 국한해 분석한 결과, 구별 점포당 월평균매출은 서대문구가 8,636만원으로 가장 많았고, 관악7,633만원, 서초구7,527만원 순이었다. 가장 매출이 낮은 지역은 중랑구로 1,011만원에 불과했고, 구로, 도봉구 순으로 낮았다.

반면, 전년 대비 매출증가율은 강북, 은평, 중랑구가 높았고, 양천, 강남, 서초구가 낮았다. 이 두 가지 데이터를 기준으로 상권 선택을 해보면 서울에서는 강남3구보다 관악, 마포, 종로구 등에서 창업하면 성공할 가능성이 높을 것으로 예상된다.

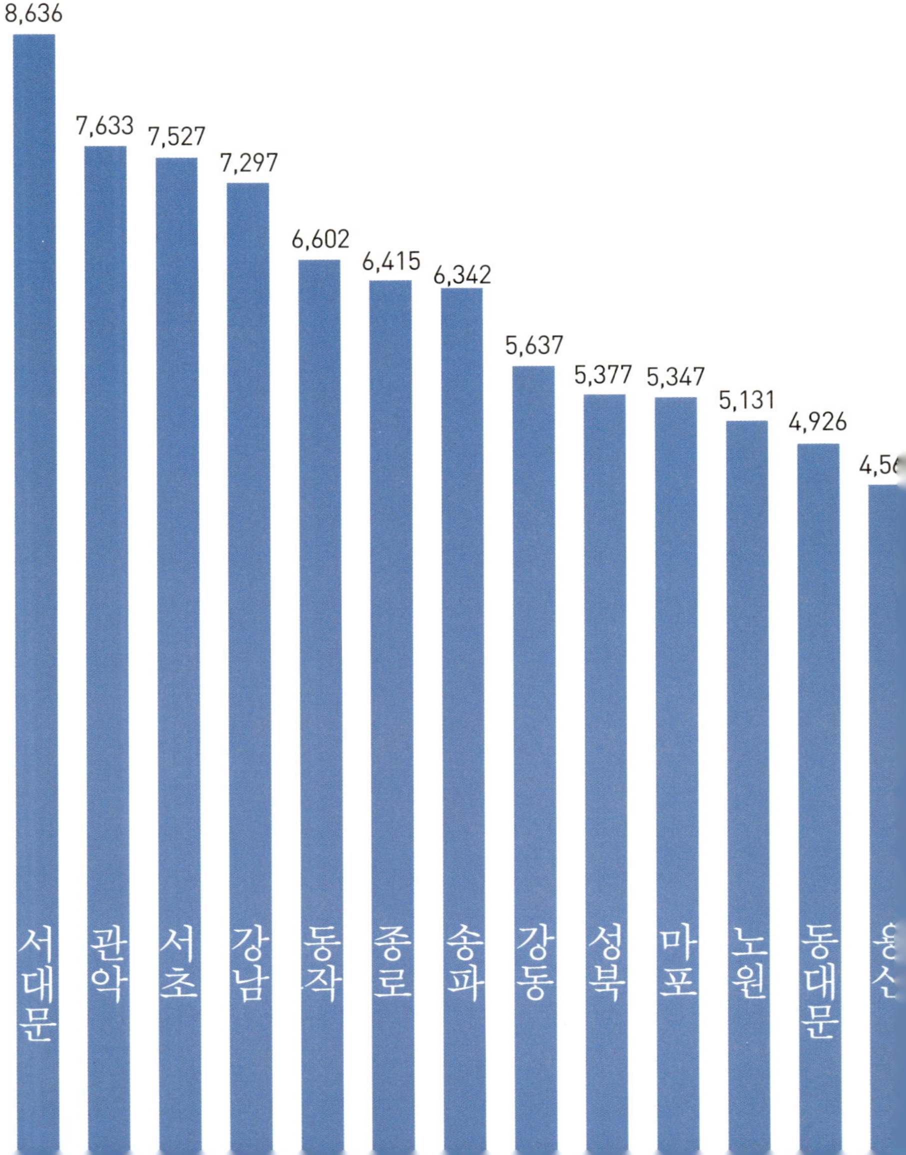

8,636 서대문
7,633 관악
7,527 서초
7,297 강남
6,602 동작
6,415 종로
6,342 송파
5,637 강동
5,377 성북
5,347 마포
5,131 노원
4,926 동대문
4,56[illegible] 용산

대학가 강세
서대문, 중랑의 8배

서울 구 단위 편의점 월평균매출

[단위: 만 원]

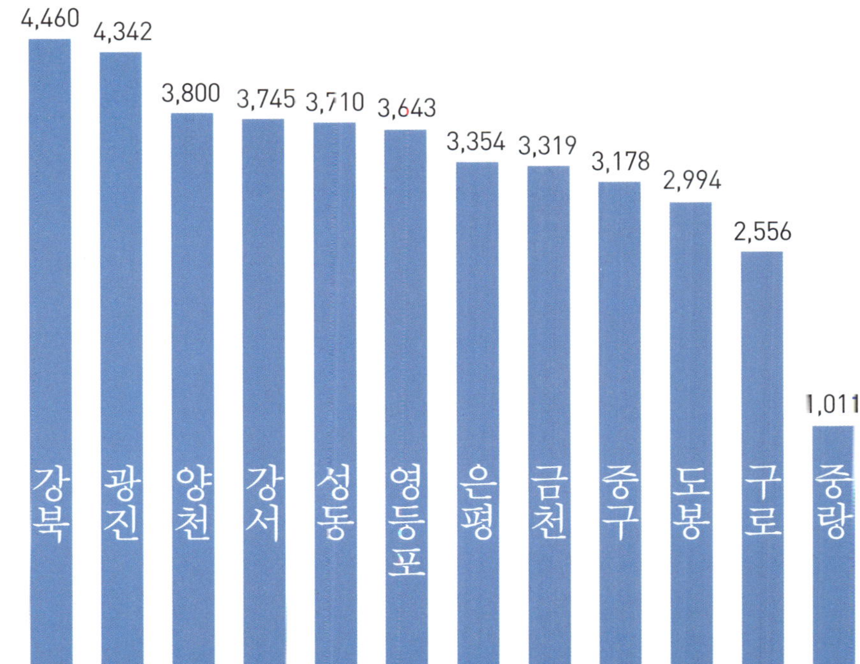

강북, 은평, 성동 상승세
양천이 가장 미약

서울 구 단위 매출증가율
[단위: %]

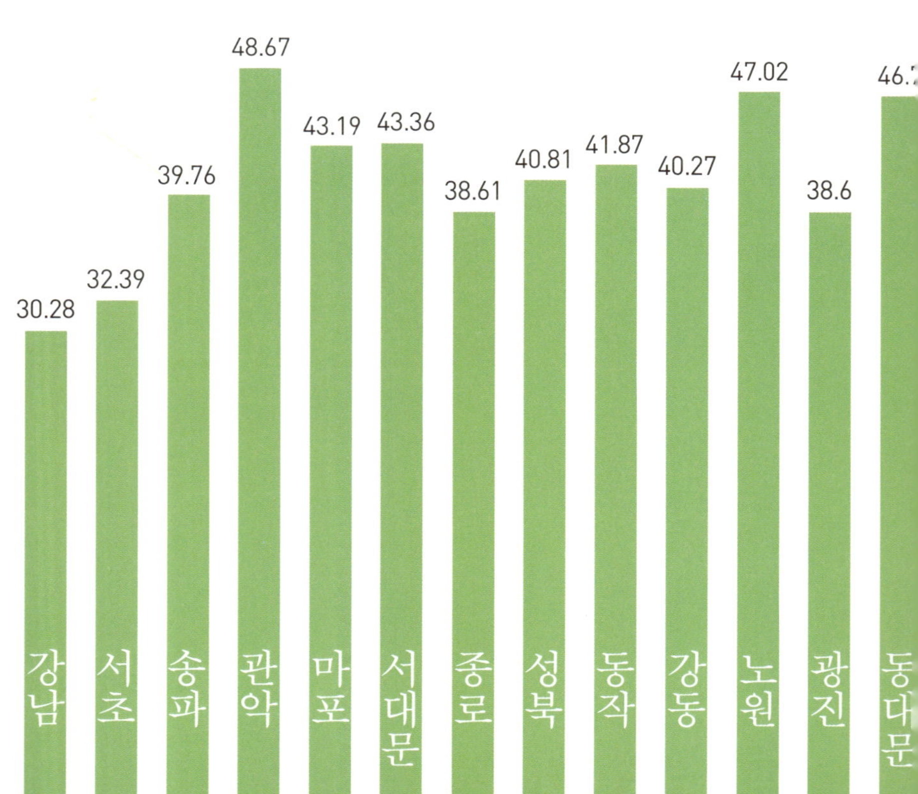

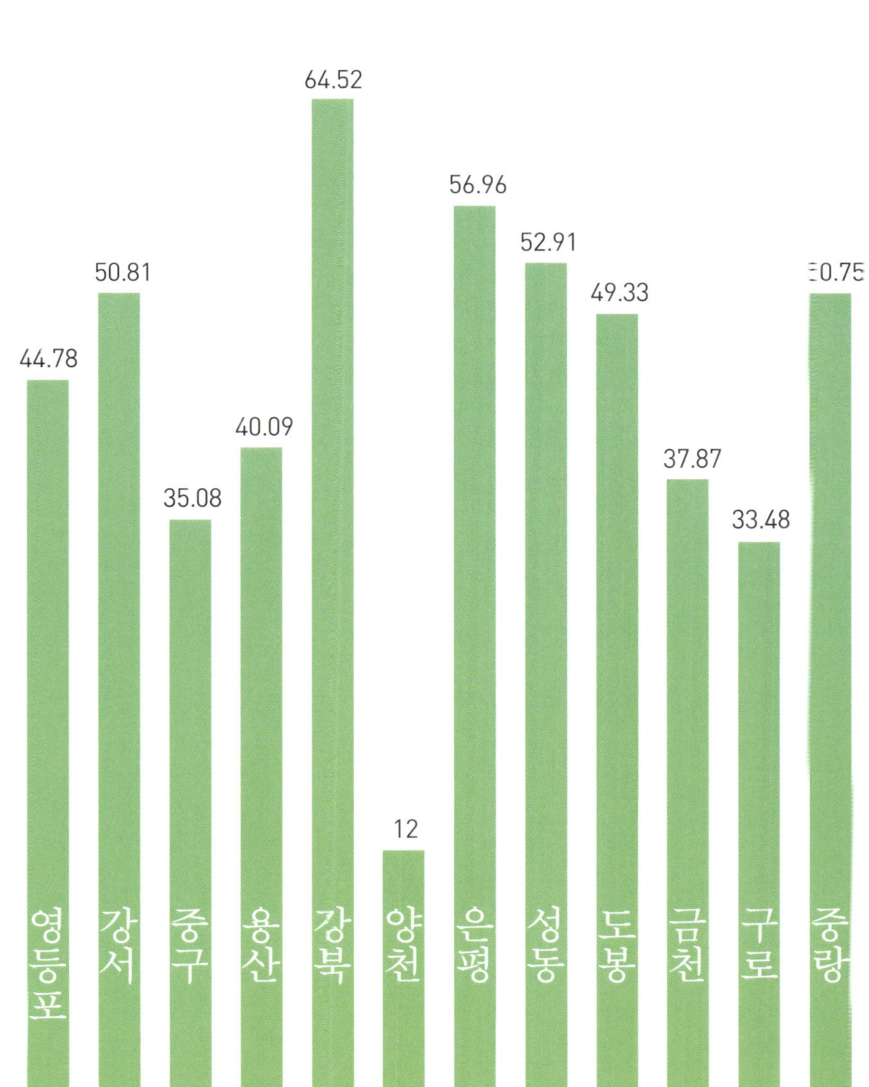
44.78
50.81
35.08
40.09
64.52
12
56.96
52.91
49.33
37.87
33.48
50.75
영등포
강서
중구
용산
강북
양천
은평
성동
도봉
금천
구로
중랑

편의점 창업은 일 년 중 어느 시점에 하는 것이 좋을까? 월별 매출을 참고할 필요가 있다. 통상 창업 시점은 성수기 2개월 전에 계약해 1개월 전에 오픈하는 것이 최선이다. 7, 8월에 가장 높았고, 3, 4월에는 여름보다 30% 정도 매출이 줄었다. 따라서 창업시점은 6월 초가 가장 좋다.

편의점은 지역에 따라 포화점을 넘어선 곳이 많다. 포화상태는 아닐지라도 대상상권 소비자들의 업종 선호도 등을 감안하면 안정화가 쉽지 않은 상권도 다수다.

한 업종의 흐름을 가늠할 수 있는 폐점률을 보면 2011년 한 해동안 무려 880개가 문을 닫았고 갈수록 그 숫자가 늘고 있다는 점에 주목할 필요가 있다. 편의점 메카인 일본에서는 가맹점의 증점율기존점포 수와 신규오픈 가맹점 수의 비율보다 폐점률에 더욱 민감하다는 점을 감안하면 창업은 신중하게 접근할 필요가 있다. 다만 일본의 편의점 시장은 포화상태인데도 2011년 연간 매출이 전년 대비 8.2% 증가한 8조6,769억 엔을 기록했다는 점은 참고할 만하다.